LE TEMPS DES GARES

Palais des Beaux-Arts de Bruxelles

14/IV/80 - 1/VI/80

LA GARE D'ANVERS

J'aimais la gare d'Anvers plus que toute autre. Cela tenait d'abord au fait que c'était une gare close. A la différence de ces édifices, comme Amsterdam ou comme Lyon qui, traversée par les voies de part en part, ne sont que les relais passagers d'un parcours, les étapes provisoires d'un voyage dont elles ne sont ni le départ ni le terme, Anvers, comme Hambourg ou comme, à Londres, Victoria, imposait aux trains l'arrêt impérieux de ses heurtoirs. Et quels heurtoirs! Ils n'avaient rien à voir avec ces grossières butées de bois qu'on voit ailleurs; Anvers avait compris le sens profond de ces bornes et n'avaient pas hésité à marquer la dignité particulière de leur rôle en en faisant d'impressionnants bâtis. Constitués de plaques d'acier peintes en noir et rivetées par d'épais boulons, et dans les parties vives, d'appareils de cuivre jaune et astiqué avec amour, ils se hérissaient de pistons, de robinets et de compteurs manométriques qui achevaient de leur conférer, dans leur éclat doré, le rôle autrefois dévolu par Rome aux *Milliaria aurea:* les rails s'arrêtaient à leur pied, marquant le cœur de l'Empire. A la force déchaînée des trains, ces butoirs, mystérieux et beaux comme les machines du vieux Conservatoire des Arts et Métiers, opposaient un *noli me tangere;* l'espace se refermait sur eux. Et, consciente qu'un édifice comme une gare ne saurait rester ouverte à tous les vents sans risquer la profanation, la gare d'Anvers se repliait elle aussi sur elle-même, lieu sacré, centre du monde, en qui se résumaient l'*alpha* et l'*oméga* de tout transport. Les trains n'y continuaient pas leur course: pour ressortir de cet enclos hiératique, il leur fallait repartir à reculons, de même que l'on ne tourne pas le dos lorsque l'on prend congé d'un Roi.

Le plan du monument confirmait cette vocation impériale et cette aspiration à la clôture. Centré et couronné d'une vaste et haute coupole côtelée que contrebalançaient des voûtes en berceaux et quatre tourelles, il évoquait immanquablement la chapelle palatine d'Aix ou bien encore Saint Vital à Ravenne. Les piliers d'albâtre lourds et massifs qui ceinturaient le hall, l'abondance et la variété des marbres qui le décoraient confirmaient cette impression. Dans les hauteurs, régulièrement disposés en frise et dans les écoinçons, des emblèmes sculptés dans la pierre, des roues ailées et des caducées hermétiques, alternés avec des inscriptions célébrant en latin le labeur et le courage des Ménapiens, déroulaient les images et les phylactères d'une religion nouvelle, célébrant la Célérité et le Commerce comme autrefois on avait célébré Dieu et la Vierge Marie. Deux vastes volées symétriques d'escaliers monumentaux menaient aux tribunes supérieures là où, derrière l'éblouissement des verrières et à l'entrée des quais, le culte connaissait sa plus fervente intensité et où, exactement, se fût, au VIIIe siècle de notre ère, dressé le trône de l'Empereur-Dieu.

Dans ma mémoire, d'ailleurs, le souvenir de cette gare est inséparable de celui de cet autre bâtiment vers lequel, à son sortir, je dirigeais souvent mes pas, le musée des Beaux-Arts. Sa proximité n'étant pas seulement géographique, ni même, dans son pareil éclectisme architectural, formelle; elle était, si j'ose dire, idéologique. Ce n'était pas par hasard si les deux bâtiments se ressemblaient si fort et exerçaient sur moi une égale fascination. N'était-ce pas sous le même aspect du sacré que la bourgeoisie de la fin du siècle dernier avait envisagé la double entreprise qu'elle s'était donné pour mission de mener à bien: capitaliser l'espace et capitaliser le temps? Les seuls monuments originaux qu'elle ait créés, inconnus des époques précédentes, avaient alors été les musées et les gares. Et volontiers elle leur donna l'apparence d'églises ou de temples pour souligner la dignité particulière qui s'attachait à leurs fonctions: marquer de la façon la plus majestueuse les seuils d'entrée aux territoires du nouvel empire, soit aux étendues matérielles qu'elle venait de conquérir, soit aux biens spirituels dont elle venait de s'instituer l'usufruitière. Il fallait donc que prendre le train fût cette cérémonie où franchir les portiques et s'engager sous les voûtes, réserver sa place aux guichets, présenter aux gardiens les billets, s'enquérir du quai où le train était, contrôler à diverses reprises l'heure de son départ d'un petit mouvement de tête en direction des horaires placardés sous les vitrines closes, arriver suffisamment à temps pour ne pas risquer un mouvement dont la hâte eût été déplacée en ces lieux, gagner enfin son compartiment à la place assignée, fussent les gestes d'un rituel immuable qui préparât l'esprit à communier avec le corps de l'*Imperium* dont on allait absorber un fragment. Il fallait semblablement qu'aller au musée fût cette communion laïque des dimanches après-midi, où, sous le regard mort des gardiens vêtus d'or et de noir, le silence et la lenteur obligée des mouvements, la patiente procession d'œuvre en œuvre, marquassent le dévotion à ce *corpus* d'objets précieux, les uns confisqués à la royauté déchue et les autres acquis par guerre et par pillage. C'est sans doute parce que la bourgeoisie n'avait en droit rien possédé de ces objets ni de ces territoires, mais se les était appropriés de fait, qu'il lui fallut inventer l'Histoire et la Topographie et, avec elles, la fiction humaniste de la Culture. A la première classe dirigeante sans passé et de mœurs jusque alors sédentaires, comme l'indiquait le terme même de « bourgeois », il revenait de bâtir ces nouveau monuments, les musées et les gares, les uns dédiés au vertige de l'espace et les autres dédiés au vertige du temps, pour étendre sur cet espace et sur ce temps qui ne lui appartenaient pas encore, les marques empruntées de la domination.

Pour les mêmes raisons, je ne tenais pas pour un hasard que ce fût tout contre les emprises de cette gare et juste à son débouché, que se fût installé le plus célèbre des zoos d'Europe. Ce musée des espèces animales complétait le projet ferroviaire selon un dessein admirablement pressenti. Tandis que la gare offrait au voyageur la possession virtuelle des étendues planétaires dans le déroulement continu de son réseau, le jardin zoologique offrait au sédentaire la possession effective de continents entiers, des Afriques et des Asies imaginaires que résumaient quelques hectares d'enclos et que suffisaient à dresser dans l'esprit du visiteur, les formes et les odeurs des animaux exotiques. La secrète complicité qui unissait ces deux institutions contiguës éclatait d'ailleurs au grand jour à considérer les paons congolais dont les roues rutilantes faisaient si fidèlement écho aux vastes verrières pavanées de la gare.

A la variété des espèces animales que le zoo réunissait dans son enceinte répondait ainsi la variété des espèces formelles que la gare déployait dans son élévation: le Roman, le Gothique, la Renaissance et le

Couverture:
Projet pour le grand hall intérieur de la gare d'Anvers, dessin de Louis de la Censerie, architecte de la gare.

Grand Siècle se rencontraient chez l'une sans souci de chronologie comme chez l'autre les orangs-outangs, les lamantins, les bisons et les colibris sans souci de latitude. Une seule et même confusion des règnes et des styles s'imposaient à ces deux lieux où, cavernes d'Ali-Baba, la bourgeoisie entassait pêle-mêle les symboles et les signes de son pouvoir tout neuf. Mais ces concrétions, ces agglomérats inouïs marquaient par ailleurs assez bien le but même de tout voyage : abolir les distances et les durées, supprimer les frontières géographiques et temporelles, dissoudre les singularités, offrir enfin ici et maintenant la délectation de la pluralité des mondes lointains et des siècles passés, moins d'ailleurs pour donner au voyageur virtuel un avant-goût des plaisirs qu'il se préparait à éprouver et comme un échantillonnage des découvertes qu'il était supposé faire que pour, plus perfidement peut-être, le prévenir du côté fallacieux de ces dernières ; à quoi bon partir visiter Chartres et Constantinople, braver les jungles et les rios ? Tout était là déjà et le monde irrémédiablement clos.
Collectionner les spécimens des beaux-arts ou de la sociologie, c'était ainsi non seulement un moyen détourné de voyager, offrant sans coup férir le charme des lointains temporels ou spatiaux, c'était surtout affirmer le projet ultime d'une société qui ne s'était proposé que de rendre disponible, ici et à tout moment, ce qui ne pouvait jamais qu'être ailleurs et autrefois. Mieux que « le Musée des Familles » qu'un Jules Verne avait imaginé et dans lequel, héros cadastraux du nouvel Empire, un Philéas Fogg ou un Robur ne cessaient de faire l'inventaire des biens de la planète, la gare et le zoo réunis offraient le théâtre superbe où le capitalisme triomphant exhibait ses trophées.
Pourtant, à voir s'élever au-dessus des emprises des voies, les faux rochers de ciment armé sur lequels s'ébattaient des singes, une ironie naissait : ce n'était pas les vestiges d'une beauté perdue que la bourgeoisie avait ici pieusement réunis, c'était les contrefaçons grossières d'une production de série, à façon de ces meubles que, par antiphrase sans doute, on appelle « de style ». Ces grandes boutiques d'antiquités qu'elle avait à grand frais composées, elle avait échoué à y présenter le moindre objet qui y fût vraiment « d'art ». Théâtre des lointains, la gare était aussi celui des illusions : les Rome, les Byzance ou les Babylone que, de loin, elle prétendait offrir au regard émerveillé du voyageur, s'effilochaient comme mirage à mesure que l'on distinguait mieux, en s'approchant, les détails de leur modénature. Car tout ce qui faisait le prix d'un objet, son exécution singulière, son attachement à une localité et à une tradition, autrement dit les liens indissolubles qui le rattachent à un espace et un temps précis et qui font, justement, qu'il ne peut être ni transporté ni reproduit, tout cela qu'un philosophe eût naguère appelé son « aura », chaque élémement architectural du bâtiment s'acharnait à le nier. Monument triomphal du capitalisme tardif, la gare était aussi le tombeau insolent érigé sur les ruines des Beaux-Arts. De là qu'elle ait connu, non par hasard, son plus grand développement à la fin du siècle dernier, au moment même où la peinture, si l'on en croit Baudelaire, commençait de ressentir, quand à elle, les premiers effets de sa « décrépitude ».
Pourtant, par-delà ces dépouilles fallacieuses et ostentatoires, une unité nouvelle, quoique monstrueuse, se dégageait de pareil chaos et proposait à l'imagination de vertigineuses téléologies qui valaient bien l'ivresse des plus longs voyages. Car de même que la réunion de tant d'animaux dissemblables en un même lieu laissait supposer la naissance d'une espèce future, subsumant la variété des genres, l'apparition d'une créature mythique qui marquerait le terme de l'évolution, de même la réunion de tant de styles divers en un seul monument postulait l'existence d'une forme d'art encore inconnue qui, résumant les esthétiques du passé en quelque synthèse inédite, représentait assez bien l'Orient fabuleux qui brille à l'horizon de tout voyage, et l'espoir insensé qui le fait entreprendre.

Le soir venu, s'offraient des plaisirs plus secrets. On sait biens sûr combien les gares ont depuis toujours partie liée avec l'érotisme. Mais celle d'Anvers, mieux que d'autres, était l'entrée parfaite à des plaisirs ailleurs défendus. Combien étions-nous, au début de ces années 60, à prendre le train le samedi après-midi à la Gare du Nord pour, débouchant cinq heures plus tard sur la Place Reine-Astrid, nous engouffrer dans l'une de ces petites grottes qui la bordent, emplies d'odeurs de frites et de pop corn, parfois aussi d'odeurs plus âcres et inavouables, où l'on projetait des films que la censure française d'alors interdisait ? Plus tard encore, et jusqu'à ce que vînt l'aube, on danserait dans les cafés des rues avoisinantes au son des pianos mécaniques, tandis que dans les arrières-salles, dissimulées par des rideaux, des filles à la peau laiteuse et qui n'avaient jamais quitté les bords de l'Escaut, se dénudaient sans pudeur en riant aux éclats. Non loin alors, le monument imposant imaginé par De la Censerie luisait dans la nuit avec ses marbres, ses ors et ses vitraux en toc, pareil aux luxueux lupanars fin de siècle qu'imaginait Paul Delvaux et que toute gare n'aurait jamais dû cesser d'être.
Après ces orgies, le retour, le lendemain, ne pouvait manquer d'être teinté d'un sentiment de profonde religiosité. Le chef de quai, coiffé, tel le prêtre d'une religion barbare, de son calot rouge à points d'or, agitait son fanal à grands gestes réguliers comme s'il dût ainsi honorer la grande divinité sombre et chaude avant qu'elle ne prenne sa course à travers les espaces, de même que Dieu, à l'élévation, salué par les officiants à grands coups d'encensoir, descend vers l'autel à travers les épaisseurs des cieux.
Ainsi célébré, le train s'ébranlait donc dans le bruit soudain libéré des grelots électriques qui, remplaçant à leur tour les clochettes des enfants de chœur, intimaient aux fidèles demeurés sur le quai de ne plus bouger et de se recueillir.
Au chaud dans le compartiment de feutrine verte, je regardais glisser les façades de la *Pelikanstraat* qui abritaient les Juifs très pieux de ce quartier de diamantaires. Ils s'étaient tous rassemblés là, tassés frileusement autour des voies, moins peut-être à la façon de ces Bretons qui jadis à Paris s'étaient groupés autour de Montparnasse pour conserver, par la magie des rails, la fiction du cordon maternel qui les reliait au pays perdu que pour célébrer, disposés autour de la nouvelle Arche d'Alliance que la gare désormais représentait pour eux, ces éternels errants, les rites d'une religion qui, par essence indifférente au lieu où son culte se déroulait, ne se préocupait que de sonder les mystères du Temps. Ainsi, dans l'ombre du Temple ferroviaire, tenaient-ils allumés, à partir du vendredi soir, derrière chacune de leurs fenêtres, de petites chandelles. A la hauteur du premier étage, le train glissait lentement le long de ces murs où clignotaient des milliers de lucioles. Et, à mesure qu'il prenait de la vitesse, réaffirmant peu à peu sa domination sur l'Espace et sur le Temps, le rappel de ces flammèches dansantes était comme le pressentiment de l'Éternité perdue.
Jean Clair

LE TEMPS DES GARES

Palais des Beaux-Arts de Bruxelles
14/IV/80 - 1/VI/80

Exposition présentée par Europalia - 80 - Belgique et le Centre Georges Pompidou.

Coproduite par le Centre de Création Industrielle et la Société des Expositions du Palais des Beaux-Arts de Bruxelles.

Avec la collaboration du Ministère des Communications, de la SNCB et du Hall du Palais des Beaux-Arts.

Comité d'organisation pour la Belgique:

M. K.J. Geirlandt, Directeur Général de la Société des Expositions du Palais des Beaux-Arts.
M. Michel Baudson, Adjoint à la Direction, Commissaire de l'exposition.
M. Manfred Hürrig et Maurice Roquet, présentation et décoration.
M. Michel Louis, Archives de l'Architecture Moderne: recherches.
Mme Madou-Moulaert, Directrice du Hall du Palais des Beaux-Arts.
M. Winston Spriet, présentation et décoration du Hall.

Nous remercions pour leurs prêts,

les Musées Royaux des Beaux-Arts à Anvers
le Vleeshuismuseum à Anvers
le Groeningenmuseum à Bruges
les Archives de l'Architecture Moderne à Bruxelles
les Archives du Palais Royal à Bruxelles
l'Association Royale des Amis du Chemin de fer, Bruxelles
la Banque Nationale de Belgique, Bruxelles
la Bibliothèque Royale Albert Ier à Bruxelles
le Musée Privé de Documentation ferroviaire à Bruxelles
le Musée de la Gare du Nord à Bruxelles et la SNCB
le Musée Horta, Bruxelles
le Ministère des Communications, Promotion des Transports Urbains, Bruxelles, et la S.T.I.B.
le Richmond Club à Bruxelles
le Gedenkmuseum Gustave de Smet à Deurle
le Musée d'Art Contemporain de Gand
le Musée des Beaux-Arts de Gand
l'Université Catholique de Louvain, architecte Yves Lepère et architecte-collaborateur Joseph Polet
le Musée des Beaux-Arts de Liège
l'Association de «Mijlpaal» à Malines
le Musée Communal d'Ostende
la Fondation «Nederlands Spoorwegmuseum» à Utrecht
le Musée provincial d'art moderne à Ypres

M. O. Berckmans - M. Isy Brachot - M. et Mme Deneys - Dc P. De Somer - M. R. D'Helft - M. Y. Gevaert - M. B. Goossens - M. Legros-Uytterhaeghe - Mme Neirinck - M. A. Obourdin - M. M. Mabille - Mme Ch. Biernaux-Misonne - M. D. Verhaegen.

ainsi que tous les autres prêteurs,

et les artistes: R. Bergman - Capitan - J. Charlier - Ph. De Gobert - J.J. Fleischman - M. Maeyer - R. Nellens - J.L. Nyst - Ph. Ransonnet - Pi. Roobjee - J.M. Turine - R. Wittevrongel.

LE TEMPS DES GARES

Cette exposition a été conçue et réalisée par le Centre de Création Industrielle, département du Centre national d'art et de culture Georges Pompidou, Paris. Elle a été produite en collaboration avec les institutions étrangères suivantes :

en Belgique : la Société des Expositions du Palais des Beaux-Arts, Bruxelles
en Grande-Bretagne : le Musée National des Chemins de Fer, York, et le Musée de la Science, Londres
en Hollande : la Fondation du Musée d'Architecture et le Centre de Documentation de l'Architecture Moderne, Amsterdam
en Italie : le Musée National de la Science et de la Technique Léonard de Vinci, Milan, et la Ville de Milan.

Après sa présentation à Paris du 13 décembre 1978 au 9 avril 1979, l'exposition circulera en France et à l'étranger.

This exhibition has been conceived and realised by the Centre de Création Industrielle, a department of the Centre national d'art et de culture Georges Pompidou, Paris. The exhibition has been produced with the collaboration of foreign institutes :

in Belgium : the Exhibitions Society of the Palais des Beaux-Arts, Brussels
in Britain : the National Railway Museum, York, and the Science Museum, London
in Holland : the Museum of Architecture Foundation, and the Documentation Centre for Modern Architecture, Amsterdam
in Italy : the Leonardo da Vinci Museum of Science and Technology, Milan, and the City of Milan.

After its presentation in Paris, from December 13 1978 to April 9 1979, the exhibition will travel in France and abroad.

Questa espozizione è stata concepita e realizzata dal Centre de Création Industrielle, settore del Centre national d'art et de culture Georges Pompidou, Parigi. È stata allestita con la collaborazione dei seguenti istituti :

in Belgio : la Società delle Esposizioni del Palazzo delle Belle Arti, Bruxelles
in Gran Bretagna : il Museo Nazionale delle Ferrovie, York, e il Museo della Scienza, Londra
in Italia : il Museo Nazionale della Scienza e della Tecnica Leonardo da Vinci, Milano, e il Comune di Milano
in Olanda : la Fondazione del Museo d'Architettura, e il Centro di Documentazione d'Architettura Moderna, Amsterdam.

Dopo la presentazione a Parigi dal 13 dicembre 1978 al 9 aprile 1979, l'esposizione sarà ospite di diverse città in Francia e all'estero.

Deze tenstoonstelling werd ontworpen en samengesteld door het Centre de Création Industrielle. een afdeling van het Centre national d'art et de culture Georges Pompidou, te Parijs. De organisatie geschiedde in samenwerking met de volgende buitenlandse instellingen :

voor België : de Vereniging voor Tentoonstellingen van het Paleis voor Schone Kunsten, Brussel
voor Groot-Britannië : het National Railway Museum, York, en het Science Museum, Londen
voor Italië : het Museo Nazionale della Scienza e della Tecnica Leonardo da Vinci, Milaan, en de Gemeente Milaan
voor Nederland : de Stichting Architectuur Museum, en het Nederlands Documentatie Centrum voor de Bouwkunst, Amsterdam.

Na Parijs, waar de tenstoonstelling van 13 december 1978 tot 9 april 1979 geopend is, zal ze in verschillende steden van Frankrijk en in het buitenland te bezichtigen zijn.

Centre national d'art et de culture Georges Pompidou
Centre de Création Industrielle

PRODUCTION

Équipe de réalisation de l'exposition

Commissaire de l'exposition	Jean Dethier
Assistantes de réalisation	Lydia Elhadad, Lise Grenier, Christine Bancou, Claire Scemla
Recherche iconographique	Sabine Berthier, Arielle Rousselle
Photographe (reportages)	François-Xavier Bouchart
Photographe (archives)	Jean-Claude Planchet
Mise en page de l'exposition et du catalogue	Manfred Hürrig et Maurice Roquet
Assistante de production	Béatrice Leclercq
Conception du plan de l'exposition	Fabrizio Carola
Maquettes d'architecture	Alain Pras
Maquettistes adjoints	Christine Baldensperger, Philippe Taillardat, Daniel Menu
Artistes ou illustrateurs invités à réaliser une création originale, en relation avec les thèmes de l'exposition	Dominique Appia, Daniel Authouart, René Bertholo, Michèle Blondel, Michel Dubré, Peter Klasen, Alain Kleinmann, Jean-Claude Latil, Fabio Rieti, Denis Rivière, Jean-Claude Silberman
Relations avec les artistes	Jana Claverie, Mireille Sueur
Réalisation d'éléments du décor ou de mise en scène de l'exposition	Sophie Moreau : marionnettes Pierre Nolot : trompe-l'œil Philippe Planchet, Erik Bersou : sculptures Nadine Rusé : patchworks Dorothée Selz : paysage en sucre polychrome
« Bagages imaginaires sur un quai de gare »	Atelier des Enfants
Conception et réalisation	Christian Astuguevieille
Assistante de réalisation	Adèle Robert
Aménagement de l'espace	Martine Lobjoy-Durel
Coordination	Gaëlle Bernard
Animation	Équipe de l'Atelier « Volume, Habitat et Couleurs »
Régisseur du montage	Jean-Denis Vivien
assisté de	Claude Baleur, Hervé Remiré, Philippe Fourrier, Pascal Dossat, Jean-Claude Perraut
Coordination administrative	Alice Brutin, Joséphine Tissot
Montage audio-visuel	Patrick Arnold
Tirages photographiques	Laboratoire du service audiovisuel
Itinérance de l'exposition	Nicole Richy
Relations avec la presse	Marie-Jo Poisson
Relations publiques	Ariane Diané
Catalogue	CCI-Édition
Coordination	Marie-Claire Llopès
Collaboration	Pierre Culand
Fabrication	Jacky Pouplard, Bernadette Lorie

Nous regrettons que les délais d'impression de cet ouvrage ne nous aient pas permis de reproduire les créations originales réalisées par les artistes ou maquettistes pour l'exposition, ni de citer tous les organismes prêteurs ou personnes ayant aimablement accepté de nous aider dans la réalisation de l'exposition.

Partenaires étrangers associés à la préparation de l'exposition

Belgique	Commissaire : Michel Baudson Président : Karel Geirlandt Recherche : Michel Louis	Société des Expositions du Palais des Beaux-Arts, Bruxelles, Archives d'Architecture Moderne, Bruxelles
Grande-Bretagne	Commissaire : John Coiley Présidente : Margaret Weston	Musée National des Chemins de Fer, York Musée des Sciences, Londres
Hollande	Commissaire : Fons Asselbergs Recherche : Frank den Oudsten	Fondation du Musée d'Architecture, Amsterdam
Italie	Commissaire : Pierpaolo Saporito Président : Francesco Ogliari	Musée National de la Science et de la Technique, Milan

Organismes ayant collaboré à la réalisation de l'exposition

Société Nationale des Chemins de Fer Français, (SNCF)	Production des maquettes de 20 gares françaises, documentation iconographique et cinématographique
Atelier des Enfants, Centre Georges Pompidou	Réalisation avec les enfants de 30 écoles de Paris et de province d'une mise en scène de « Bagages imaginaires sur un quai de gare »
Bibliothèque Publique d'Information Centre Georges Pompidou	Participation à la réalisation des programmes de video et à leur diffusion
Société Jouef, Paris	Co-production et animation d'un réseau ferroviaire miniature
Éditions Pellerin, Épinal	Co-production du décor d'entrée dans l'exposition inspiré d'une ancienne image d'Épinal
Antenne 2, Paris	Co-production d'une émission de télévision complémentaire à l'exposition
La Ville et la Province d'Anvers (Belgique)	Co-production de la maquette géante du hall d'entrée de la gare d'Anvers
Société Lumière, Lyon	Fourniture partielle de surfaces sensibles pour tirages photographiques en couleur

Compagnies de Chemin de fer étrangères ayant prêté leur concours

Allemagne Fédérale	DB	Films
Belgique	SNCB, M. Van Gestel	Iconographie
Canada	CN, M. Auzat	Maquettes/iconographie
Danemark	DSB, Ingrid Jösson	Iconographie
Espagne	RENFE	Iconographie
Finlande	VR, Pertti Lattunen	Maquettes
Grande-Bretagne	BR	Films
Hollande	NS	Iconographie
Italie	FS, A. Ciambricco	Iconographie
Portugal	CP, A. Ramalho	Iconographie
Suède	SJ, K.A. Bladh	Iconographie
Suisse	CFF, B. Schildknecht	Maquettes/iconographie

Correspondants à l'étranger

Tchécoslovaquie	Vladimir Slapeta
Finlande	Sirkka Valanto

Nous tenons à remercier les personnes ou les organismes suivants pour leurs prêts ou leur participation, l'aide et les conseils qu'ils ont bien voulu nous accorder :

en France :

Gilles Aillaud
Jean-Pierre Babelon
Pierre Baguelin
Marie-Claude Baldensperger-Pras
M. Brissaud
Département des Estampes de la Bibliothèque nationale
François Caron
Jules Chassepot
Jean-Louis Cohen
J.-P. Combes
Isabelle Daragon
Roxane Debuisson
Emmanuel Decharte
M. Delacroix
Denis Doria
Melle Douin
Gérard Ducret
M. Dussouchaud
Éco-Musée du Creusot
Mme Devoluy et la Fondation Paul Ricard
Yves Fabrice
Galerie Maeght, Paris
Paul Gilbert
Société Hatot-Lepaute
M. Jacob
M. Jakovsky
Jean-Paul Jungman
Jean Koelliker
M. Lasalle
Jean-Pierre Laurent
M. Lemarchand
Jean Léonard
M. Mahieu
M. Maillard
Gilles Margerit
M. Métayer
Jacques Milet
Gérard Monnier
Mme Philippe de Montrémy
Musée d'Art et d'Histoire de Nîmes
Musée Carnavalet, Paris
Musée de Compiègne
Musée du Jouet, Poissy
Michèle Perrot
M. Philippot
M. Pithois
Jacques Poré
La maison Potel et Chabot
M. Ragot
Jacques Tallon
Boris Tissot
M. Vincent
Claude Yvel

et tout particulièrement :

François Barré,
Danièle Céria
Jean Hugues
François Mathey
Colette Pouillart

en Belgique :

Maurice Culot
Robert Louis Delevoy
Paul Delvaux
Galerie Isy Brachot
Josette Javaux
Éric de Kuyper
Yves Lepère
Victor Martiny
Colonel Neve
Dominique Verhaegen

en Espagne :

Antonio F. Alba
Alexandre Círici
Sylvia Farriol
Simo Trini

en Finlande :

Marika Hausen
Kirmo Mikkola
Musée d'Architecture
Juhani Pallasmaa

en Grande-Bretagne :

Gillian Darley
C. Hamilton Ellis
SAVE
Denis Sharp
Lindsay Sharp
Jack Simmons

en Hollande :

Mme Asselberghs et le
Musée des Chemins de Fer à Utrecht
Sybold Van Ravesteyn

en Italie :

Accademia di S. Luca, Rome
Anna d'Angelo
Enrico Castiglioni
Cesare Columbia
Angiolo Mazzoni
Elsa Milani
Museo dell'Attore
Famille Sant'Elia

en Suède :

Henrik Anderson
Tommy Book
Sigurd Granebeck
Bengt et Kristin Johansson
Sölve Johansson

en Suisse :

Jacques Gubler
Armin Haab
Jean Schneider
Pierre Zoelly

en Tchécoslovaquie :

Joseph Kuba
Musée des Sciences et des Techniques, Prague

SOMMAIRE

LA GARE: NOUVELLE TOUR DE BABEL

Les gares ? Elles sont à la fois les « volcans de la vie » (Malévitch), « les plus belles églises du monde » (Cendrars), les « palais de l'industrie moderne où se déploie la religion du siècle, celle des chemins de fer. Ces cathédrales de l'humanité nouvelle sont les points de rencontre des nations, le centre où tout converge, le noyau de gigantesques étoiles aux rayons de fer s'étirant jusqu'au bout de la terre » (Théophile Gautier).

Depuis un siècle et demi, les gares sont les pivots, les lieux de commandement et d'articulation d'un empire ferroviaire dont le déploiement a profondément marqué la configuration d'un très grand nombre de pays, a métamorphosé notre environnement et donc notre relation avec le milieu naturel, social et culturel; par la vitesse et la réduction des distances, désormais se vit un nouveau rapport à l'espace et au temps. Pourtant la gare est tellement imbriquée dans le réseau même de nos routines quotidiennes qu'on ne la regarde plus, on ne la voit plus; généralement on ne fait plus que la subir.

Si nous avons choisi de privilégier la gare par rapport au chemin de fer, c'est parce qu'elle est au réseau ferroviaire ce que le cœur est aux vaisseaux dans le système circulatoire. Elle en constitue le muscle et en rythme le flux : elle est l'organe de l'arrivée et du départ.

La gare est un des rares bâtiments publics issus de la révolution industrielle qui illustrent admirablement, depuis cent cinquante ans, les tâtonnements, les fluctuations et les métamorphoses de nos sociétés occidentales. Les gares sont d'étonnants révélateurs des mythes et réalités de l'épopée des temps modernes. Véritable microcosme de la société industrielle, lieu public où se côtoient toutes les classes sociales, la gare est, au long de l'Histoire, au cœur de l'actualité, le miroir à facettes d'une saisissante collection de faits.

Ancrée sur les fondements de notre système industriel, bâtie sur le principe initial de conquête des territoires, des marchés et des profits, élevée vers un mythique idéal de communication des biens et des personnes, d'unification pacifique des peuples, la gare est en quelque sorte une tour de Babel des temps modernes. Ce sont les fondations et multiples niveaux — anciens et récents, réels et imaginaires — de cette tour, à la fois ruine et chantier, à la fois familière et méconnue, que cette exposition se propose d'explorer : pour en éclairer des fragments dont le visiteur serait l'archéologue et le futurologue, en un mot l'interprète.

Il est d'innombrables façons d'appréhender les gares et c'est bien là une des preuves de leur remarquable pouvoir de suggestion. Pour les cerner de plus près nous avons choisi de les envisager sous différents aspects : architecture et urbanisme, technologie et décorum, art et culture populaire, politique et stratégie, ordre et discipline, poétique et imaginaire. Par ce jeu de complémentarités, nous espérons susciter un regard neuf sur les gares et, par ce biais, sur notre environnement quotidien. A travers cette mise en scène du progrès que stigmatise la gare, notre propos n'est pas d'entretenir un quelconque passéisme pas plus qu'une confiance béate dans le futur, mais de confronter le plus objectivement possible les effets induits par un système existant depuis un siècle et demi afin de permettre à chacun de mieux apprécier la nature des évolutions suivies, de mieux comparer les divers termes d'une histoire qui, parfois, s'est déjà réfugiée dans l'univers des mythes et des fantasmes, d'une actualité tour à tour exaltante et accablante mais, en tout cas, toujours présente autour des gares.

La gare n'est pas un lieu innocent. Elle exprime avec force de multiples paradoxes de notre société, elle concrétise certaines des conceptions contradictoires qui caractérisent la société industrielle. Les grandes gares du XIXe siècle sont ainsi constituées de deux éléments fondamentaux : le

« bâtiment de voyageurs » dont la construction est confiée à des architectes — pour la plupart résolument attachés aux styles du passé — et la grande « halle » métallique couvrant les quais, dévolue aux ingénieurs, et conçue par eux comme un système constructif nouveau, tendu avec foi et optimisme vers les progrès technologiques à venir encore. Pourtant c'est de la complémentarité de ces deux éléments que dépend le bon fonctionnement de la gare... Ainsi se confrontent, en un seul et même lieu, les différences extrêmes de deux langages et de deux éthiques de l'acte de bâtir, de deux visions différentes du monde. La gare apparaît, dans de multiples domaines, comme l'expression simultanée et contradictoire du Merveilleux et du Tragique des temps modernes.

Pendant un siècle, la gare est un lieu symbolique du dépassement, celui des limites qu'on transgresse : à la conquête des vitesses de plus en plus rapides des convois fait écho, dans la gare, le lancement au-dessus des quais par les ingénieurs, de halles métalliques de plus en plus audacieuses, de charpentes dont l'immensité — qui confine parfois à la démesure — semble vouloir contenir et maîtriser en une seule et même projection mythique, le microcosme de la société que représente la gare. Dans les gares des grandes villes, se déploie ainsi la mégalomanie des temps nouveaux, le culte de la performance technologique qui va guider les destinées de notre civilisation et alimenter une fantasmagorie d'essence nouvelle. La gare devient un temple de la technologie où s'exprime le rituel d'un culte nouveau. Le spectacle de l'arrivée de la machine à vapeur dans la halle de la gare demeure, bien après la disparition des locomotives, une vision synthétique des splendeurs prometteuses et de la majesté de la civilisation industrielle; elle fera rêver bien des générations encore qui, sur cette imagerie, projetteront leurs fantasmes.

Si les résultats des interventions des ingénieurs dans la conception des gares expriment, au XIXe siècle, la confiance d'une minorité dans un futur technologique et productiviste, par contre les propositions des architectes vont traduire un sentiment inverse reflétant la majorité de l'opinion publique : la peur d'un saut trop brusque dans l'avenir, le désir d'un très prudent dosage de traditions et d'innovations. Ainsi pour faire oublier les bouleversements que provoque l'introduction du ferroviaire dans la ville, la quasi-totalité des bâtiments de gares du XIXe siècle prendra les apparences de temples grecs et de thermes romains, de basiliques romanes et de cathédrales gothiques, de châteaux Renaissance et d'abbayes baroques. Cette cohérence remarquable dans le recours au pastiche et au fétichisme historique traduit une véritable crainte devant le déferlement d'une modernité qui, déjà alors, inquiète plus qu'elle ne rassure. Cette sourde inquiétude devant le spectacle de la gare, cette angoisse que suscite ce lieu du mouvement par excellence, nombre de nos contemporains la ressentent encore aujourd'hui. L'architecture ferroviaire a donc tenté pendant un siècle de sublimer la peur d'une modernité vécue comme une agression. Les projets conçus par les tenants des courants de l'architecture contemporaine imprégnés d'un souffle épique de modernité n'ont presque jamais été réalisés : des élans des architectes du Futurisme ou de l'Expressionisme du début de ce siècle, il ne reste que des esquisses de gares bloquées dans les impasses de l'Histoire.

Mais dès les années vingt, l'architecture va exprimer la victoire définitive des partisans d'un modèle international de société industrielle tendue vers un idéal de productivité. L'architecture va désormais traduire très fidèlement cette option en s'inventant une nouvelle éthique et un nouveau langage de « style international » dont la neutralité volontaire n'exprime rien d'autre qu'un culte machiniste, une incessante préoccupation de rationalité constructive et de fonctionnalisme opérationnel. Depuis un demi siècle, l'immense majorité des gares modernes incarne cette idéologie dominante. On y lit les caractéristiques de notre société : une accablante uniformité, une indifférence au lieu et au public. On y lit la froide rationalité qui mène nos planificateurs à décider de tout ce qui compose notre environnement dans le plus grand mépris des dimensions culturelles, symboliques, émotionnelles ou affectives de la relation, la prédominance du quantitatif sur le qualitatif, le rejet des particularismes susceptibles de parler à nos sens. La gare est devenue un lieu d'une neutralité dont le vide effraie même les technocrates qui tentent maintenant de tromper le vertige par la diffusion d'un sirop musical aux vertus prétendument sécurisantes. Dans tous les pays, les gares récentes ont presque abandonné les signes extérieurs de leur vocation civique, la structure architecturale d'un forum de la vie publique. Elles s'enferment dans la copie de modèles dominants de l'actuel système économique — le centre commercial ou l'immeuble de bureaux — où s'incrit d'abord l'apparence d'une recherche du profit et de la rentabilité qui visuellement semble exclure toute autre vocation.

Par les excès notoires d'un fonctionnalisme désincarné, dépourvu des références culturelles qu'appelle le public, les gares modernes sont à ce point vides de sens que par compensation peut-être celles du XIXe siècle apparaissent désormais comme généreuses et éloquentes, comme l'expression d'un délire attachant et profondément empreint de Merveilleux. Un délire d'architectures et d'ornements, dont le déploiement très théâtral dans l'espace avait engendré une sorte de féerie moderne. Cette démesure s'exprimait alors avec d'autant plus d'exubérance que l'impérialisme ferroviaire se développait dans toutes les régions du monde où le pouvoir occidental et industriel n'était pas encore implanté. La gare était ainsi l'exaltation d'une conquête fondamentale de la société industrielle : un nouveau rapport « espace-temps » plus efficient. Ce Merveilleux là — qui alimente toute une mythologie contemporaine — la gare se devait de le matérialiser de façon mémorable.

Au XIXe siècle, l'application rationnelle des horaires ferroviaires entraîne dans divers pays une unification de l'heure à travers le territoire. Au temps traditionnel, céleste et solaire, l'heure de la gare oppose un temps païen et technologique. Pour imposer dans le ciel de la cité moderne cette heure unifiée, devenue officielle et nationale, la gare a été dotée d'un élément à la fois symbolique et fonctionnel, imposant et autoritaire : une haute tour ponctuée de grandes horloges qui rivalise désormais avec les anciens repères de la cité pré-industrielle : l'église et le beffroi. En Europe, c'est dans les pays latins — où la notion de temps est moins stricte — que les tours de gares sont les plus rares tandis qu'elles abondent dans les pays réputés pour leur discipline sociale. Dans ceux-ci, la gare reste encore un des lieux où s'éprouve le plus durement la hantise de l'exactitude, l'emprise du temps cadencé dans la cité des temps modernes.

Par les rythmes frénétiques des mouvements pendulaires que la société industrielle a imprimés au monde, la gare — avec un rituel quotidien implacable — engouffre et dégorge des millions de « navetteurs »; dans cette lancinante agitation entre le travail et la famille, dans ce déferlement humain, dans cet abrutissement d'une longue routine quotidienne, entre les gares de banlieue et celles de la métropole, se consomment annuellement des millions d'heures stériles.

Ce drame quotidien, cet énorme gaspillage d'énergies humaines, est à la dimension de l'impuissance de la société industrielle à concevoir et à réaliser, dès le XIXe siècle, des modèles d'aménagement du territoire qui n'auraient pas impliqué la désertification des campagnes au profit d'un gonflement démesuré des villes. Au lieu de servir de vecteur de décentralisation, le réseau ferroviaire a souvent été employé comme instrument du centralisme politique, économique et social.

C'est vers la gare rurale que convergent au XIXe siècle les foules de paysans que la nouvelle logique productiviste va arracher à leur terroir pour les projeter dans le chaos des banlieues et des usines qui s'élèvent autour des gares des grandes cités industrielles.

C'est dans les gares que se lisent le désarroi et l'angoisse des émigrants au XIXe siècle et des travailleurs immigrés aujourd'hui. Exploités par une société de consommation avide d'une main-d'œuvre qu'elle se refuse pourtant à intégrer, à Zurich ou à Munich — grandes métropoles de l'embauche — ils ne trouvent aujourd'hui dans la ville que la gare pour se regrouper furtivement, par ethnies repliées sur elles-mêmes, pour tenter de trouver collectivement une dérisoire consolation à leur condition de déracinés. Pour eux, la gare est à la fois le lieu où leur dé-culturation a pris sa vraie dimension, et le cordon ombilical qui psychologiquement les relie à leur terre natale.

C'est à la gare que s'exprime la brutalité avec laquelle notre société produit et rejette des marginaux; elle est le premier et le dernier lieu public d'ancrage dans un système devenu presque exclusivement urbain.

Dans la ville, la gare semble être le seul lieu public où soit institutionnalisée la division de la société en classes : les buffets, et surtout les salles d'attente, sont hiérarchisés par un code numérique.
En un siècle, la démocratisation a permis à la gare de passer d'une division de la société en quatre classes sociales à des systèmes réduits à trois, puis à deux classes. Même les gares de Chine populaire n'échappent pas à cette logique implacable : la division numérique des classes y est pudiquement remplacée par un système de référence moins abrupt et plus sensoriel se référant au « dur » et au « mou » qui renvoient à la nature des matériaux des banquettes des diverses salles d'attente : en velours ou en bois.

Dans la ville, c'est aussi à la gare que s'exprime le mieux, par les nouveaux flux humains qu'elle y fait converger, la démocratisation des loisirs avec l'irruption, durant les années trente, des familles ouvrières partant en congés payés vers des rivages jusqu'alors réservés aux classes privilégiées. Sur les photos historiques de cet événement se lit l'émerveillement de ceux qui, sur le quai d'arrivée à leur destination nouvelle, pour la première fois, dépassent en train les limites géographiques des banlieues de leurs usines.

La gare est un des derniers grands livres d'images offerts à la consommation du public. Pendant un siècle elle a exhibé une fantastique collection de signes et d'emblèmes, de fresques et de symboles, déployant sur ses façades et dans ses halls toute une iconographie où le pouvoir exprime ses ambitions et où la bourgeoisie donne à voir les valeurs qu'elle entend privilégier dans la société nouvelle : la colonisation des peuples, la conquête territoriale, le développement prioritaire de l'industrie et du commerce avec, comme corollaires, la glorification des vertus nationales et militaires, celles de la famille, de la religion et du travail. La réalisation de cette profusion d'imageries édifiantes est confiée à des artistes dociles et d'inspiration académique.
A travers cette accumulation d'œuvres de commande se dessine, dans la gare, la destinée de l'art moderne. La gare n'était-elle pas en effet le lieu public idéal d'une intégration de la création picturale et artistique dans le vécu quotidien de la population ? Sa dynamique aurait pu être confrontée à l'éventail des classes sociales dont les parcours font quotidiennement de la gare un microcosme de la société. Monet et Courbet en France, Jules Destrée en Belgique, ont milité en faveur d'interventions généreuses des pionniers d'un art nouveau dans

l'architecture ferroviaire. Mais cette perspective d'ouverture d'un art vivant vers les usagers a été obstruée; seul l'art académique s'y est vraiment déployé. Ainsi la gare traduit-elle le divorce entre art et vie quotidienne qui caractérise lourdement la société industrielle.

Il aura fallu la dimension volcanique d'une révolution, celle du peuple russe, pour permettre aux artistes d'avant-garde d'investir les gares durant les années vingt et de les utiliser comme forum culturel et politique avec leurs actions d'*agit-prop*, dans un pays immense où le ferroviaire assurait un rôle essentiel dans tous les domaines de la communication. « Les peintres et les écrivains prendront sans tarder des pots de peinture et au moyen des pinceaux de leur art, ils enlumineront, couvriront de dessins les flancs, les fronts et les poitrines des villes, les gares et les troupeaux éternellement fuyants des wagons » (Maïakovski).

Si les artistes qui ont jalonné de leurs créations l'histoire de la peinture moderne n'ont pas pu laisser trace de leur génie dans les gares, en revanche ce lieu ferroviaire a été pour eux inspirateur d'un profond renouveau de l'expression; « nos artistes doivent trouver la poésie des gares comme leurs pères ont trouvé celle des forêts et des fleuves » (Émile Zola). Des impressionnistes aux futuristes, des expressionnistes aux surréalistes, la gare a été le vecteur d'une série de manifestes artistiques qui ont métamorphosé et élargi notre vision du monde : « dans la construction des gares de chemin de fer se trouvent les premières fondations d'une grande esthétique métaphysique » (Chirico, 1910). Les variations picturales de Monet sur la gare Saint-Lazare à Paris et de Chirico sur les places de gares italiennes, les considérations métaphysiques de Dali sur la gare de Perpignan, les visions surréalistes de Magritte et Delvaux sur les gares de triage ou les gares de banlieue sont autant d'étapes significatives d'un nouveau déploiement de l'imaginaire moderne. Si ceux qui allaient ainsi contribuer à définir l'essence de la modernité picturale ont pu être inspirés par la modernité du spectacle de la gare, celle-ci a su aussi éveiller dans l'art populaire une sensibilité qui a donné lieu à une remarquable diversité d'imageries : elles vont stéréotyper la gare en un lieu légendaire et fabuleux.

Les média vont également contribuer à véhiculer et amplifier une vision du Merveilleux et du Tragique de la gare. Dès ses origines, avec « l'Entrée en gare du train à la Ciotat » de Louis Lumière en 1895, jusqu'aux films les plus récents, le cinéma est profondément marqué par ce lieu de théâtralité et de mouvance : l'évidente vocation cinématographique de la gare va susciter une nouvelle fantasmagorie, une nouvelle dimension du récit moderne.

Point d'arrivée ou de départ de l'aventure, la gare est aussi le lieu grave de « brèves rencontres » ou le terrain propice aux aventures, à des sensualités inexplorées. Diverses maisons closes célèbres ont tenté, avec des artifices de bruitage et de trépidations, de décors et de parfums, de reconstituer dans de luxueuses chambres ce climat ferroviaire où prend corps le mythe moderne de la « Madone des Sleepings ».

Si physiquement, l'architecture de la gare adopte souvent au XIXe siècle la forme d'une nouvelle porte de la ville, elle est surtout, mentalement, la porte ouverte sur un fabuleux lointain, ferroviaire, aventureux et exotique qui a abondamment alimenté l'inspiration des romanciers et des poètes. Pourtant, aux débuts du ferroviaire, ils furent réticents à chanter la gare : « Vous, poète moderne, vous détestez la vie moderne. Vous allez contre vos dieux, vous n'acceptez pas franchement votre âge. Pourquoi trouver une gare laide ? C'est beau une gare » (Émile Zola).

La gare a pris dans l'imaginaire moderne et dans le monde des symboles une importance caractéristique dont la psychanalyse rend compte : elle est « l'expression de l'inconscient, le point de départ de l'évolution, de nos nouvelles entreprises matérielles, physiques et spirituelles, c'est un centre pouvant évoquer le Soi [...]; le chef de gare représente la tête directrice des forces actives, créatrices et impersonnelles qui président à notre destin » (Jean Chevalier).

L'image même du jouet moderne est souvent symbolisée par le réseau de train électrique constellé de gares de voyageurs, de gares de triage et de marchandises : un système qui permet simultanément à l'enfant de projeter ses aspirations dans l'espace quotidien des adultes et à ceux-ci de sublimer leur volonté de puissance et de maîtrise du monde. La véritable euphorie de domination que procure la gare-jouet explique aisément la popularité dont elle jouit auprès des uns et des autres.

Pour les puissances occidentales, la gare traduit avec emphase les élans d'une politique d'impérialisme qui, pendant un siècle, a bouleversé le sort du monde et trouvé dans le système ferroviaire un moyen magistral de conquêtes territoriales internes et externes. La gare de Bombay est en Inde le plus colossal monument édifié en son siècle dans toute l'Asie; elle domine la ville de sa masse qui glorifie les vertus de l'époque victorienne et la volonté de pérennité d'une occupation étrangère. En France, à Metz, la gare traduit fidèlement la volonté des Allemands, après l'annexion de l'Alsace-Lorraine, d'exprimer sur ce territoire conquis la nouvelle germanité du lieu : à titre préventif cette gare avait été ponctuée d'effigies de vigilants chevaliers teutons en armes. Par son importance stratégique et monumentale, affective et symbolique, la gare exprime clairement la logique politique qui induit son existence. A Milan, édifiée pendant les années vingt, la gare dénote une troublante volonté de démesure et de visions impérialistes exprimées par un délire mégalomaniaque d'inspiration assyro-babylonienne : l'architecture sert de support à une iconographie triomphaliste et menaçante où se mêlent les emblèmes fascistes, les références à la grandeur de l'empire romain, la glorification de la force physique et du combat.

Dans l'esprit candide des premiers promoteurs du système ferroviaire, la gare devait être un des symboles vivants de la rencontre, de l'unité et de l'amitié des peuples. Pourtant elle est devenue le lieu de la ville où convergent les hommes mobilisés à la veille des cataclysmes guerriers qui opposent les nations modernes. A la gare débouche le déferlement pitoyable du retour des victimes du front. A la gare aboutit l'entassement désordonné des flux humains déchiquetés pendant l'exode des civils, tendus vers un espoir de fuite. A la gare débute le stockage du bétail humain par les Nazis en vue de leur concentration dans des camps d'extermination organisés comme les gares d'un triage final, dans des camps — comme à Treblinka — parfois décorés en trompe-l'œil en fausses gares de villégiature « pour en améliorer l'efficacité psychologique » lors du débarquement des survivants des « trains de la mort ».

En URSS, un enjeu politique, stratégique et économique considérable a pris récemment une forme ferroviaire avec la décision du Kremlin de construire une nouvelle ligne transsibérienne. L'ancienne voie est maintenant très vulnérable car trop proche de la frontière chinoise. Le long du nouveau tracé de la voie à travers ce continent, quantité de nouvelles gares vont devenir les pivots d'une série de métropoles urbaines et de combinats industriels géants, les pôles d'une des plus grandes opérations du siècle en termes de colonisation ex-nihilo d'un territoire. Une épopée équivalente à celle qu'avait engendrée l'irruption du ferroviaire dans le Far West ou dans les colonies; mais ici l'épopée est à l'échelle des ambitions de la société post-industrielle où une planification économique et stratégique sophistiquée se cristallise autour d'un immense chapelet de gares en chantier. L'URSS utilise ainsi le ferroviaire pour déployer en Sibérie un nouvel empire industriel, peut-être un des plus puissants de la fin de ce siècle.

En tant que pôles d'un réseau ferroviaire, les gares ont constitué une des opportunités majeures de l'histoire contemporaine pour inventer les concepts nouveaux d'auto-limitation de la croissance des villes par la création d'entités urbaines cohérentes et autonomes autour de gares nouvelles ou satellites. Aux projets de cette nature proposés au XIXe et au début du XXe siècle par les philosophes ou les urbanistes, la société industrielle a opposé un refus presque unanime; elle prenait ainsi l'option historique et fatale de privilégier une accumulation d'opérations spéculatives et rentables à court terme qui devaient définitivement donner aux immenses extensions modernes des villes, aux banlieues ainsi créées, leurs structures chaotiques et ségréguées. Remarquable est le détournement qui a été fait des potentialités de la gare : elle aurait pu devenir le pivot d'urbanisation et le germe de villes d'un modèle nouveau, la possibilité d'un développement harmonieux et dé-centralisé de la société sur des territoires vierges; mais les décideurs en ont fait le pôle d'une spéculation foncière et immobilière qui privilégie les intérêts d'une minorité. Depuis plus d'un siècle, l'actualité nous donne à voir, et maintenant parfois de façon très caricaturale (de Toronto à Utrecht, de Bruxelles à Nancy, de Londres à Paris) cette cristallisation autour des gares des intérêts spéculatifs sous forme de promotion immobilière, de plus en plus arrogante par rapport à son contexte social, de plus en plus brutale par rapport à son contexte urbain.
La gare n'en finit pas d'exprimer autour d'elle la destinée de la ville moderne investie par la puissance et la logique du capital : par sa nature, la gare lui offrait un lieu privilégié, celui d'une concentration humaine constamment renouvelée dont l'exploitation des flux et reflux était garante de rentabilité.

C'est derrière les bâtiments des gares, sur l'immense emprise foncière du domaine ferroviaire enclavé dans les villes que se joue maintenant une des dernières grandes opportunités de re-structurer les centres urbains défaillants de nos métropoles. Cet enjeu politique et urbain considérable est illustré à Paris par l'ampleur exceptionnelle du projet dit « Seine Sud-Est », focalisé autour des voies ferrées des gares d'Austerlitz et de Lyon.

Avec la crise de l'énergie et la prise de conscience écologique, le ferroviaire revient en force au cœur des débats d'actualité sur la politique des transports, ce fondement essentiel de notre économie d'échanges. En France, les recettes du trafic des voyageurs sur les grandes lignes a progressé de plus de 4 % entre 1977 et 1978. Aux États-Unis, le gouvernement tente maintenant, avec Amtrak, de reconstruire un réseau national de lignes de voyageurs après avoir pendant plusieurs décennies laissé le système ferroviaire pourrir et agoniser. Alors qu'il était, à l'échelle de ce continent, l'un des plus puissamment structurés, il a été sacrifié aux intérêts des trusts des industries automobile et pétrolière. La concurrence entre les transports ferroviaires et routiers illustre un des grands combats épiques de notre temps : celui de deux systèmes qui privilégient des comportements et des intérêts divergents.

Au cœur de ce débat important, la gare demeure un lieu à travers lequel se vivent les options qui modèlent notre environnement et notre vie quotidienne. Elle est un véritable sismographe des vibrations et convulsions de notre société, de son dynamisme ou de son déclin, de ses moindres fluctuations. Les média utilisent souvent les photos de gares désertes pour illustrer les effets d'une grève nationale, pour signifier l'arrêt de la vie sociale et économique d'un pays. La fermeture des lignes et des gares rurales à travers maints pays occidentaux participe de la marginalisation progressive de nos campagnes.

Ainsi de nombreux pans de cette tour de Babel des temps modernes que représente la gare sont déjà en ruines. Pourtant, à son sommet, de nouvelles structures sont simultanément en chantier : création en cours de lignes de chemin de fer, balisées de gares nouvelles, engagées dans un dynamisme ferroviaire qui, depuis cent cinquante ans, continue à témoigner de l'étonnante faculté de renouvellement technologique d'un service public demeuré vital, la confiance de millions de cheminots dans la dimension collective des communications modernes.

Resterons-nous indifférents aux paradoxes de cette destinée, où se conjuguent le destin et le progrès, où se résume, telle Babel en son temps, la confusion des élans de notre société ?

Jean Dethier
Commissaire général de l'exposition

THE STATION: A MODERN-DAY TOWER OF BABEL

Railway stations... ? They are at one and the same time "volcanos of life" (Malevitch), "the most beautiful churches in the world" (Cendrars), "palaces of modern industry where the religion of the (19th) century is displayed, that of the railways. These cathedrals of the new humanity are the meeting points of nations, the centre where all converges, the nucleus of huge stars whose iron rays stretch out to the ends of the earth" (Théophile Gautier).

For a century and a half, stations have been the pivots, the places of command and articulation of a railway empire the spread of which has profoundly marked the structure of a very large number of countries; it has transformed our environment and thus our relationship with the natural, social and cultural surroundings; through speed and reduction in distances, there exists henceforth a new rapport with space and time. Nevertheless the railway station is so ingrained in the very network of our daily routines that one no longer notices it, one no longer sees it: generally one does no more than suffer it.

If we have chosen to consider the station over and above the railway, this is because it is to the railway what the heart is to the vessels in the circulation system. It forms its muscles and regulates its flow : it is the organ of arrival and departure.

The railway station is one of the rare public buildings produced by the industrial revolution which illustrates admirably, over a hundred and fifty years, the gropings, fluctuations and transformations of our Western society. Stations reveal the myths and realities of the epic times we live in. A veritable microcosm of industrial society, a public place where all social classes rub shoulders, the station has been throughout its history at the heart of the present, the many-facetted mirror of a striking array of achievements.

Anchored to the foundations of our industrial system, built on the initial principle of conquest of territory, of business and profit, erected on the mythical ideal of communication of goods and people, and of the peaceful unification of nations, the station is a modern-day Tower of Babel. This exhibition proposes to explore the foundations and many levels — old and recent, real and imaginary — of this tower, which is both ruin and building-site, both familiar and misunderstood : it attempts to illuminate the fragments of which the visitor would be the archaeologist and the futurologist, in other words the interpreter.

There are innumerable ways of assessing railway stations, and that in itself is proof of their remarkable power of suggestion. To cover them more closely, we have chosen to consider them from different aspects : architecture, urbanism, technology, decorum, art, popular culture, politics, strategy, order, discipline, the poetic and the imaginary. Through these complementary angles we hope to provoke a new look at stations and thus at our daily environment. In examining this setting of progress with which the station is branded, our purpose is not to maintain a preoccupation with the past any more than a smug confidence in the future, but to confront as objectively as possible the effects induced by a system existing for a century and a half. This is to allow us to better appreciate its evolutions, to better compare the various aspects both of its history, which has already sometimes been submerged in myth and fantasy, and of its present, in turn exciting and depressing.

The railway station is not a simple place. It expresses forcefully the multiple paradoxes of our society, and brings together certain contradictory ideas which characterise industrial society. The great 19th century stations are formed of two fundamental elements : the "passenger building", the construction of which was entrusted to architects — most of whom were resolutely attached to past styles — and the great metal "hall" covering the platforms. The latter was the responsibility of engineers, conceived by them as a new constructive system and put up with faith and optimism for the technological progress still to come. Nevertheless the smooth functioning of a station depends on the complement of these two elements. So the two extremes of language and ethics in the act of construction confront each other in one and the same place. The station seems, in all aspects, like the simultaneous and contradictory expression of the wonder and tragedy of modern times.

For a century the station has been a place symbolising progress and limits to surpass : the trains attempting faster and faster speeds rivalled the engineers in the stations who put up more and more audacious superstructures above the platforms, frameworks whose enormity — sometimes bordering on the impossible — seem to want to contain and master the microcosm of society that the station represents, in one and the same mythical projection. So the megalomania of modern times, the cult of technological performance which was to guide the destiny of our civilisation and feed a fantasmagoria of a new spirit, displays itself in large city stations. The station becomes a temple to technology wherein is expressed the ritual of a new cult. The spectacle of a steam engine entering the station remains, well after the disappearance of such locomotives, a synthetic vision of promising splendours and of the majesty of industrial civilisation; this image will capture the imagination of future generations, who likewise will project their fantasies on it.

If the work of engineers in the conception of 19th century stations expresses the confidence of a minority in a technological and productivist future, on the other hand the proposals of the architects affirm a contrary feeling reflecting the majority of public opinion : fear of too sudden a jump into the future, desire of a very cautious dose of tradition and innovation. So in order to disguise the upheavals of the introduction of the railway ínto the town, the quasi-totalities of 19th century station buildings take on the appearances of Greek temples and Roman baths, Romanesque basilicas and Gothic cathedrals, Renaissance châteaux and Baroque abbeys. This remarkable continuity in resorting to pastiche and historical fetishism represents a real fear of the coming of a modernity which, even then, worried more than it reassured. This uneasiness at the sight of the station, the alarm provoked by this ultimate place of movement, is felt even today by a good many of our contemporaries. Railway architecture therefore attempted for a century to sublimate this fear of a modernity experienced as an aggression. The projects conceived by those holding the reins of contemporary architecture which were imbued with an epic breath of modernity were almost never realised : of the outbursts of Futurist or Expressionist architects at the beginning of the century, there remain only some plans of stations obstructed in the blind alleys of history.

However, with the Twenties, architecture was to express the definitive victory of the supporters of an international model of industrial society adhering to an ideal of productivity. From then on, architects started to accurately express this stance in inventing a new ethic and a new language of "international style", the neutrality of which voluntarily affirms nothing other than a machine cult, an incessant preoccupation with a constructive rationality and an operational functionalism. For half a century the vast majority of modern stations have embodied this dominant ideology. It represents the characteristics of our society : an overwhelming uniformity, an indifference to its surroundings and to the public. It represents the cold rationality which leads our planners to decide everything which composes our environment, with the greatest contempt for cultural, symbolic or emotional aspects, the predominance of the quantitative over the qualitative, the rejection of peculiarities appealing to our senses. The station has become a neutral place whose emptiness frightens even the technocrats, who now try to offset the malaise by broadcasting supposedly conforting, innocuous music. All over the world, new stations have almost abandoned the exterior signs of their civic vocation, the architectural structure of a forum of public life. They are limited to copying dominant examples of the current economic system — the shopping centre or the office building — through which appears the profit incentive which openly seems to exclude any other inclination.

Through the familiar excesses of a rigid functionalism, without cultural references the public expects, modern stations are so empty of feeling that, as compensation perhaps, those of the 19th century now appear generous and eloquent, like the expression of a fantastic and engaging folly. A folly of architecture and ornament, whose very theatrical display in its space had engendered a sort of modern fairyland. This extravagance expressed itself all the move exuberantly as railway imperialism developed in every part of the world where Western industrial power had not yet taken root. So the station was a temple to the fundamental achievement of industrial society : a new, more efficient "space-time" rapport. The station had to materialise this marvel — which feeds a whole contemporary mythology — in a memorable way.

In the 19th century, the rational application of railway timetables led to a standardisation of time over large areas in a number of countries. Station time opposed traditional time, celestial and solar, with a pagan and technological substitute. By imposing over the modern city this unified time, deemed official and national, the station has been endowed with a simultaneously symbolic and functional element, imposing and authoritarian : a great tower punctuated with large clocks which now vied with the old landmarks of the industrial city : the church and belfry. In Europe, station towers are the rarest in the Latin countries, where the notion of time is less strict, whereas they abound in countries renowned for their social discipline. In the latter, the station remains one of the places where the obsession for punctuality is felt the most strongly, where measured time has a hold over the modern-day city.

By the frantic pace of the regular rhythms which industrial society has imposed on the world, the station engulfs and disgorges its millions of commuters as a daily implacable ritual; millions of sterile hours are used up in this shooting between work and family, this human flow, this debasement into a long daily routine, between suburban and city stations.

This daily drama, this enormous waste of human energy, is related to the inability of industrial society ever since the 19th century to conceive regional planning patterns which would have avoided the desertion of the country for the towns on an enormous scale. Instead of serving as a vector of decentralisation, the railway network has often been used as an instrument of political, economic and social centralisation.
The crowds of country people who converged on the rural station in the 19th century were uprooted from their soil by the new productivist logic. They were transplanted into the chaos of suburbs and factories which sprang up around the stations of the big industrial cities.

The confusion and alarm of 19th century emigrants and likewise todays immigrant workers shows in the stations. In major labour centres such as Zurich or Munich, exploited by a consumer society which is greedy for manpower it refuses to integrate, they find today only the station in which to furtively regroup, ethnically withdrawn, to look for a derisory consolation together in their uprooted condition. For them the station is simultaneously a real symbol of their cultural break, and the umbilical cord which psychologically links them to their homeland.

The brutality with which our society produces and rejects its fringe element is expressed by the station; it is the first and last tie in a system which has become almost exclusively urban.

The station seems to be the only public place in the town where society's class system is institutionalised : the buffets and above all the waiting rooms are graded numerically. In one century, democratisation has allowed the station to pass from a division of society into four social classes, to a three-tiered and finally a two-tiered system. Even stations in China conform to this implacable logic : the numerical division of classes has been modestly replaced there by a less harsh and more sensory system of "hard" and "soft" which refers to the nature of the seats in the various waiting rooms : either velvet-covered or wooden.

The urban railway station also manifests, as part of the new human ebb and flow it causes, the democratisation of leisure activity : during the Thirties, working-class families invaded the stations, leaving on paid holidays for resorts hitherto reserved for the privileged classes. Historic photographs of this phenomenon clearly indicate the amazement of those people who, standing on the arrival platform of their new destination, have exceeded the geographical limits of the suburbs around their factories for the first time, by train.

The railway station is one of the last great picture-books offered to the consumption of the public. For a century it has exhibited a fantastic collection of signs, emblems, frescos and symbols, displaying a whole iconography on its facades and in its halls. By way of this, the ruling powers have expressed their ambitions and the bourgeoisie have manifested the values they emphasise in the new society : colonisation of nations, territorial conquest, the high-priority development of industry and commerce with, as corollaries, the glorification of national and military virtues, and those of the family, religion and work. The realisation of this profusion of instructive imagery has been entrusted only to submissive and academically inspired artists. The destiny of modern art takes shape out of this accumulation of commissioned works in the railway station. Wasn't the station in effect the perfect public place for an integration of pictorial and artistic creation in the daily life of the population ? Its dynamism could have confronted the entire range of social classes whose journeys made the station daily a microcosm of society. Monet and Courbet in France, Jules Destrée in Belgium, militated in favour of generous intervention in railway architecture by the pioneers of a new art. But this perspective of opening up a living art for travellers was obstructed : only academic art has really ever been used. So the station represents the divorce between art and daily life which typifies industrial society.

It took a revolution of volcanic dimensions, that of the Russians, to finally allow avant-garde artists to endow their railway stations during the Twenties, and to use them as a cultural and political forum with their "agit-prop" events; this, in an enormous country where the railway was assured of an essential role in all fields of communication. "The painters and writers will take up their pots of paint without delay, and by means of the tools of their trade, they will illuminate and cover with drawings the side, forehead and chest of the towns, the stations and the ever — fleeing herds of wagons" (Maïakovski).

If the artists whose creations marked out the course of modern painting were unable to leave a trace of their genius in the railway station, by way of revenge the station was their inspiration for a profound renewal of expression; "our artists must find the poetry of stations as their fathers found that of forests and rivers" (Emile Zola). From the Impressionists to the Futurists, from the Expressionists to the Surrealists, the railway station engendered a series of artistic manifestations which changed and enlarged our vision of the world : "the first foundations of a great metaphysical aesthetic are to be found in the construction of railway stations" (de Chirico, 1910). Monet's pictorial variations of the gare Saint-Lazare in Paris, de Chirico's representations of Italian station squares, Dali's metaphysical considerations of the station at Perpignan, the surrealist visions of marshalling yards or suburban stations by Magritte and Delvaux are so many significant stages of a new display of modern imagination. Thus those who were going to help define the essence of pictorial modernism were inspired by the modernism of the station scene; they also knew how to awake a sensitivity in popular art which has given rise to a remarkable breadth of imagery : they were to stereotype the railway station as a legendary and fabulous place.

The media were to contribute equally in conveying and amplifying a vision of the Wonderful and the Tragic in the railway station. From its origins, with Louis Lumière's "Entry of a train into the station at La Ciotat" in 1895, to the most recent films, the cinema has been profoundly marked by this place of theatricality and mobility : the obvious cinematographic application of the station was to launch a new fantasmagoria, a new dimension in modern narrative.

Whether the point of arrival or departure in the adventure, the railway station is also the solemn setting of "brief encounters" or the place of chance and unexplored sensualities. Various celebrated brothels have tried, with contrivances for noises and vibrations, with decors and scents, to reconstruct in their luxurious rooms a railway atmosphere in which the modern myth of the "Madone des Sleepings" has taken shape.

The architecture of the 19th century station often took the physical form of a new city gate; mentally, it was above all our open gate to a fabulous distance, railbound, adventurous and exotic, which has abundantly fed the inspiration of novelists and poets. However, at the beginning of the railways, they were reluctant to extol the station : "You, modern poet, you detest modern life. You go against your gods, you don't really accept your age. Why do you find a railway station ugly ? A station is beautiful" (Emile Zola).

The station has a characteristic importance in modern imagination and in the world of symbols which psycho-analysis acknowledges : it is "the expression of the unconscious, the point of departure of evolution, of our new material ventures, both physical and spiritual, it is a centre able to evoke the self [...]; the station-master represents the director of active, creative and impersonal forces which govern our destiny" (Jean Chevalier).

Even the image of the modern toy is often symbolised by the electric train set studded with passenger stations, shunting yards and freight stations : a system which simultaneously allows the child to project his aspirations in daily adult life and the adult to indulge his desire for power and control over the world. The real euphoria of domination which the railway station toy provides easily explains its popularity with both parties.

The station emphatically emphasises, for the Western powers, the spirit of their imperialist policy. For a century, it upset the fortunes of the world and found in the railway system an authoritative means of internal and external territorial conquest. Bombay railway station in India is the single most colossal monument built in its century in the whole of Asia; its mass dominates the town and glorifies the virtues of the Victorian age and the spirit of eternity of a foreign occupation. In France, the station in Metz faithfully represents the wishes of the Germans, after the annexing of Alsace-Lorraine, to stamp their own German mark on this conquered territory : the station was preventively adorned with effigies of vigilant Teutonic knights in armour. Through its strategic and monumental importance, both affective and symbolic, this station clearly expresses the political logic which caused its existence. The railway station in Milan, built during the Twenties, conveys a disturbing spirit of enormity and imperialist visions, expressed with a megalomaniac delirium of Assyrian-Babylonian inspiration : the architecture serves to support a triumphal and menacing iconography, with a mixture of fascist emblems, references to the grandeur of the Roman empire and glorifications of physical strength and combat.

In the ingenuous spirit of the first railway entrepreneurs, the station was to be one of the living symbols of the meeting, unity and friendship of peoples. However it has become the place where mobilised men converge on the eve of the cataclysms of war involving modern nations. At the station there unfolded the pitiful scene of victims returning from the front. At the station there ended up a disordered, jagged accumulation of human beings during the civilian exodus, bottlenecked towards a hope of escape. It was at the station that the Nazis started stockpiling human cattle with a view to their concentration in the extermination camps organised like some final shunting yard; in camps — as at Treblinka — sometimes camouflaged as phoney holiday resort stations "to improve psychological efficiency" after the unloading of the survivors of the "trains of death".

In the U.S.S.R., an undertaking of considerable political, strategic and economic importance has taken shape recently with the Kremlin's decision to construct a new Trans-Siberian railway. The old line is now considered very vulnerable due to its proximity to the Chinese border. All along this new line across the continent, a number of new stations will become pivots of a series of urban developments and giant industrial combines, the poles of one of the biggest operations of the century in terms of a pioneering colonisation of a territory. An epic

comparable to railway construction in the American West or in the colonies; but here the epic is on the scale of post-industrial society's ambitions, where a sophisticated economic and strategic plan is crystalised around an immense chain of station sites. Thus the U.S.S.R. is using the railway to open up a new industrial empire in Siberia, perhaps one of the mightiest by the end of the century.
In so far as they are the poles of a railway network, stations have constituted one of the major opportunities of contemporary history to invent new concepts in limiting the growth of towns, by creating coherent and autonomous urban entities around new or satellite stations. Industrial society opposed projects of this nature with an almost unanimous refusal when they were proposed in the 19th and early 20th centuries; it thus made the fatal and historic choice of favouring an accumulation of speculative and profiteering short-term operations, which were the direct cause of the segregated and chaotic structure of the immense modern town extensions and suburbs thus created. The misuse made of the railway station's potentialities is remarkable : it could have become the pivot of urbanisation and the germ of new town-planning, the catalyst of a harmonious de-centralised society in new areas; but those who decide have made it the centre of a real estate and building speculation which boosts the interests of a minority. For more than a century events have shown how speculative interests crystalise around the station in the form of real estate promotion, more and more arrogant with regard to its social context, more and more brutal in its urban context. This now sometimes approaches caricature — from Toronto to Utrecht, from Brussels to Nancy, from London to Paris. The railway station has continued to express around itself the destiny of the modern towns, invested with the power and the logic of capital : by its nature, the station offered the town the privilege of a constantly renewed human market-place. Exploitation of its ebb and flow guaranteed profitability.

One of the last great opportunities to restructure the dying inner cities is now being realised behind station buildings, on the immense areas of railway tracks wedged into the town. This considerable urban and political undertaking is well illustrated in Paris by the exceptional breadth of the project labelled "Seine Sud-Est", focused around the railway property of the Austerlitz and Lyon stations.

With the energy crisis and the rise of ecological consciousness, the railway is returning to the heart of current debates on the politics of transport, this fundamental essential of our economy of exchange. In France, receipts from passenger main line traffic increased by more than 4 % between 1977 and 1978. In the U.S.A. the government is presently trying, with Amtrak, to reconstruct a national passenger rail network after having let the railways decline and rot for several decades. It used to be one of the most powerfully structured systems in the continent, but was sacrificed to the interests of the automobile and petrol industries. The rivalry between rail and road transport illustrates one of the great struggles of our time : that of two systems which support divergent behaviour and interests.

At the heart of this important debate, the station remains a place where there rest the options which model our environment and our daily life. It is a real sismograph of the vibrations and convulsions of our society, its dynamism or its decline, its slightest fluctuations. The media often use photographs of deserted stations to illustrate the effects of a national strike, to show the breakdown of the social and economic life of a country. The closure of rural lines and stations in many Western countries contributes to the progressive decline of our countryside.

Thus several faces of this modern Tower of Babel which is the railway station are already in ruins. However, various new projects are simultaneously under construction at the top of it : work is in progress on new railway lines, buoyed up by new stations; these are part of a railway dynamism which for 150 years has continued to bear witness both to the astonishing ability of technological renewal of a still vital public service, and to the confidence of millions of railway employees in the collective field of modern communications.

How can we stay indifferent to the paradoxes of this future, where destiny and progress meet, where the confusion of our society's impetus is summed up in this modern-day Babel ?

Jean Dethier
Exhibition Director
Translated by Richard Foxcroft

LA STAZIONE: UNA NUOVA TORRE DI BABELE

Le stazioni ? « Vulcani della vita » (Malevitch), « le più belle chiese del mondo (Cendrars), i « palazzi dell'industria moderna dove si pratica il culto del secolo, quello della ferrovia. Queste cattedrali della civiltà contemporanea sono i punti d'incontro delle nazioni, il centro verso cui tutto converge, il corpo di stelle gigantesche i cui raggi d'acciaio si diramano fino all'estremità del globo » (Théophile Gautier).

Da un secolo e mezzo le stazioni sono le cerniere, i posti di comando e d'articolazione di un impero ferroviario che ha marcato profondamente con la sua presenza la configurazione di un grandissimo numero di paesi e che, facendo subire una metamorfosi agli elementi che costituiscono il nostro quadro di vita, ha modificato i nostri rapporti con l'ambiente naturale, sociale e culturale. Aumentando la velocità e riducendo le distanze, l'uomo crea una nuova relazione con lo spazio e il tempo. Ma la stazione è oramai come assimilata, la viviamo dall'interno delle nostre azioni quotidiane; succede quindi che non la notiamo più e in genere non facciamo altro che subirla.

Se abbiamo preferito scegliere la stazione come soggetto piuttosto che la ferrovia, è perché essa è per la rete ferroviaria ciò che il cuore è per le arterie nel sistema circolatorio. Essa ne costituisce il muscolo principale e il regolatore di flusso : organo d'arrivo e di partenza.
La stazione è uno dei rari edifici pubblici nati dalla rivoluzione industriale che illustrano in modo ammirevole quali sono stati da centocinquant'anni le indecisioni, le fluttuazioni e le metamorfosi della nostra società occidentale. In essa si riflettono miti e realtà dei tempi moderni e, vero microcosmo della società industriale, luogo pubblico dove si mescolano le classi sociali, la stazione, al centro dell'attualità storica, diviene il teatro di innumerevoli e importanti avvenimenti.

Emanazione del nostro sistema industriale, concretizzazione del principio iniziale di conquista di territori e di mercati produttori di profitti, avvolta in un mitico ideale di comunicazione di beni e di persone, di unificazione pacifica dei popoli, la stazione è una specie di torre di Babele dei tempi moderni. Questa esposizione si propone di esplorare fondazioni e soprastrutture, vecchie e moderne, reali e immaginarie di questa torre che è nello stesso tempo rovina e cantiere, familiare e sconosciuta, per metterne in luce alcuni aspetti di cui il visitatore sarebbe l'archeologo e il futurologo, in una parola l'interprete.

Vi sono diversi modi di sviluppare il tema sulle stazioni e questa è ancora una prova del loro potere suggestivo. Per poterne tracciare un quadro quanto più completo possibile, abbiamo in definitiva trattato l'argomento esaminandolo a partire dai seguenti punti di vista : architettura e urbanismo, tecnologia e decoro,arte e cultura popolare, politica e strategia, ordine e disciplina, poesia e immaginazione. Questo gioco delle complementarità dovrebbe permettere di considerare con uno sguardo nuovo le stazioni e, il passaggio è breve, il nostro quadro di vita quotidiano. Ma mettendo a fuoco il progresso attraverso la stazione, non abbiamo voluto né esaltare il passato né esprimere un atto di fede nel futuro. La nostra idea direttrice è stata semplicemente quella di mettere a confronto, con tutta l'oggettività possibile, gli effetti scaturiti da un sistema che esiste già da un secolo e mezzo, in modo che ognuno possa meglio cogliere la natura delle evoluzioni che hanno avuto luogo, facendo inoltre un raffronto più preciso dei diversi elementi di una storia che talvolta confina con il mito e l'irreale e di una attualità ora esaltante, ora opprimente, ma in ogni caso legata alla presenza della stazione.

La stazione non è un luogo innocente. Essa esprime con forza i molteplici paradossi della nostra società e traduce, su un piano concreto, alcune delle concezioni contraddittorie che caratterizzano la società industriale. Nelle grandi stazioni del XIX° secolo si individuano così due elementi fondamentali. Da un lato l'« edificio viaggiatori », la cui costruzione è affidata a degli architetti, che per la maggior parte si ispirano in modo risoluto agli stili del passato. Da un altro lato, la grande hall metallica che si eleva al di sopra delle banchine, la cui realizzazione, opera di ingegneri, è concepita come un sistema costruttivo che fa appello alle tecnologie alla punta del progresso. Il buon funzionamento della stazione esige che questi due elementi siano complementari, ed è così che in uno stesso luogo vengono ad incontrarsi le differenze estreme di due linguaggi e di due etiche della costruzione, di due diverse visioni del mondo. La stazione sembra essere in diversi campi l'espressione simultanea e contradditoria del Meraviglioso e del Tragico dei tempi moderni.

Per più di un secolo, la stazione è stata il luogo simbolico della forza che spinge a oltrepassare ogni limite : al raggiungimento di velocità sempre più elevate dei convogli fanno da contrappunto le strutture metalliche che gli ingegneri innalzano con crescente audacia al di sopra dei binari e la cui immensità, spesso spinta quasi all'eccesso, sembra voler contenere e delimitare in un unica spazialità simbolica il microcosmo sociale che rappresenta la stazione.

Attraverso le stazioni delle grandi città si manifesta così la megalomania dei tempi moderni, il culto della potenzialità tecnologica che guiderà il destino della nostra civilizzazione alimentando una fantasmagoria basata su nuove sensibilità. La stazione diventa un tempio della tecnologia dove si osserva il rituale di un nuovo culto. Lo spettacolo dell'arrivo in stazione di una macchina a vapore continua a essere, anche tanto tempo dopo la scomparsa delle locomotive, una visione sintetica degli splendori e della maestà della civiltà industriale. Una visione che continuerà a far sognare molte altre generazioni, trasportandole nel mondo dei loro desideri.

Se i concetti espressi dagli ingegneri nella costruzione delle stazioni, nel XIX° secolo, riflettono la fiducia riposta da una minoranza in un futuro tecnologico e produttivistico, i progetti degli architetti sono la testimonianza di un sentimento inverso, quello della maggioranza dell'opinione pubblica : la paura di un salto troppo brusco nel futuro, il desiderio di un prudente equilibrio tra tradizioni e innovazioni. Per fare dunque dimenticare gli sconvolgimenti che provoca l'introduzione della ferrovia in città, la quasi totalità degli edifici che saranno le stazioni del XIX° secolo, avranno l'aspetto di templi greci e di terme romane, di basiliche romaniche e di cattedrali gotiche, di castelli del Rinascimento e di abbazie barocche. Questa vaga inquietudine davanti allo spettacolo della stazione, questa angoscia suscitata da un luogo che rappresenta il movimento per eccellenza, numerosi contemporanei la provano ancor oggi. Durante un secolo, l'architettura ferroviaria ha cercato du sublimare la paura di un modernismo sentito come una aggressione. I progetti concepiti dai capifila delle correnti dell'architettura contemporanea, pieni di audacia e risolutamente moderni, non sono stati quasi mai realizzati : delle spettacolari innovazioni degli architetti del Futurismo o dell'Espressionismo dell'inizio di questo secolo non restano che grafici e disegni di stazioni bloccati nei vicoli ciechi della storia.

Ma a partire dagli anni venti, l'architettura esprimerà la vittoria definitiva dei partigiani di un modello internazionale di società industriale tesa verso un ideale di produttività. E per tradurre nel modo più fedele questa nuova orientazione, l'architettura inventa una nuova etica e un nuovo linguaggio di « stile internazionale », marcato da una neutralità volontaria, la quale non esprime altro che il culto della macchina e una costante preoccupazione di elaborare delle costruzioni razionali e funzionali. Da mezzo secolo in poi, la stragrande maggioranza delle stazioni moderne incarna questa ideologia dominante. In esse si possono individuare i tratti salienti della nostra società : un'uniformità opprimente, un'indifferenza al luogo nonché alla gente. Sono ancora le stazioni che spiegano davanti ai nostri occhi la fredda razionalità che spinge i nostri pianificatori a decidere per tutto ciò che riguarda il nostro ambiente, senza minimamente tener conto dei valori culturali, simbolici, emotivi o affettivi delle relazioni umane, preferendo il quantitativo al qualitativo e scartando ogni individualità che parli alla nostra sensibilità. La stazione è diventata un luogo talmente neutrale da creare un vuoto che fa paura agli stessi tecnocrati. E questi cercano ora di dissipare il senso di vertigine che ognuno prova, con la diffusione di un fondo musicale dalle virtù sedicente tranquillizzanti. In tutti i paesi, le stazioni di recente costruzione non hanno più la struttura architettonica di un centro di vita pubblica, né possiedono alcun segno esterno che indichi la loro vocazione civica. Esse sono la semplice riproduzione di modelli assurti a espressione dell'attuale sistema economico, il centro commerciale o l'edificio adibito a uffici, dove è manifesta la ricerca del profitto e della redditività che sembra escludere già nell'aspetto qualsiasi altra possibilità d'impiego.

Le stazioni moderne, a causa dei noti eccessi di un arido funzionalismo privo di ogni derivazione culturale che vorrebbe trovarvi il pubblico, sono talmente vuote di senso che forse, come compenso, quelle del XIX° secolo ci appaiono ora generose ed eloquenti, quasi l'espressione di un delirio cattivante e profondamente impregnato di un qualcosa di Meraviglioso. Un delirio di architetture e di ornamenti proiettati nello spazio che, come delle coreografie teatrali, avevano dato vita a una specie di sortilegio moderno. Questa frenesia dello smisurato veniva espressa con una tale profonda esuberanza anche perchè l'impero ferroviario si estendeva in tutte le parti del mondo dove il potere occidentale e industriale non si era ancora imposto. La stazione concretizzava dunque l'esaltazione di una conquista fondamentale della società industriale : un nuovo rapporto

« spazio-tempo » più efficace. Questo aspetto del Meraviglioso che ha ispirato tutta una mitologia contemporanea, era destinato a essere materializzato in modo memorabile dalla stazione.

Nel XIX° secolo, la razionale istituzione degli orari ferroviari obbliga diversi paesi ad unificare l'ora attraverso il territorio. All'ora tradizionale, celeste e solare, la stazione oppone un'ora pagana e tecnologica. Per imporre nel cielo della città moderna l'ora unificata, divenuta ufficiale e nazionale, alla stazione è stato integrato un elemento che è nello stesso tempo simbolico e funzionale, imponente e autoritario : una grande torre, in cima alla quale spiccano grandi orologi, che soppianta i vecchi segni della città pre-industriale : la chiesa e il campanile. In Europa, è nei paesi latini, dove la nozione del tempo è meno rigorosa, che le torri delle stazioni 7sono più rare, mentre esse abbondano nei paesi reputati per il loro senso della disciplina sociale. E' in questi paesi che la stazione rimane ancora uno dei luoghi dove la preoccupazione della puntualità è più profonda, dove il ritmo di vita diviene un' ossessione cadenzata.

La società industriale ha impresso al mondo dei movimenti frenetici di flusso e di riflusso e la stazione, in un rito quotidiano implacabile e immutabile, inghiottisce e riversa milioni di « pendolari ». In questo ossessivo va e vieni tra lavoro e famiglia, in questo dilagare umano, in questo abbrutimento di un lungo trantran quotidiano, tra le stazioni della periferia e quelle della metropoli, si perdono ogni anno milioni di ore inutilmente.

Questo dramma quotidiano, questo enorme spreco di energie umane è uguale in dimensione all'incapacità della società industriale di concepire e realizzare, sin dal XIX° secolo, dei modelli di piani di sviluppo del territorio che non avrebbero provocato l'esodo dalle campagne e il conseguente smisurato afflusso nelle città. Invece di diventare vettore della decentralizzazione, la rete ferroviaria ha spesso costituito lo strumento del centralismo politico, economico e sociale.

E' verso la piccola stazione rurale che convergono, nel XIX° secolo, le folle di contadini che la nuova logica produttivistica strappa alla terra per buttarli nel caos dei sobborghi e delle fabbriche che sorgono attorno alle stazioni delle grandi città industriali.

E' nelle stazioni che si assiste allo spettacolo che offrono con il loro smarrimento e la loro angoscia gli emigranti del XIX° secolo e i lavoratori immigrati di oggi. Sfruttati da una società dei consumi avida di una manodopera che essa rifiuta tuttavia di integrare, nelle grandi metropoli del lavoro, che sia Zurigo o Monaco, questi lavoratori d'altrove non trovano che la stazione come unico posto della città per raggrupparsi. E qui dei gruppi etnici si isolano e gli individui cercano di trovare all'interno del gruppo stesso una derisoria consolazione alla loro condizione di stranieri. Per essi, la stazione è nello stesso tempo il luogo in cui la fuoriuscita dal loro contesto culturale prende tutta la sua importanza e il cordone ombelicale che psicologicamente li mantiene uniti alla terra natale.

Nella stazione si esprime ugualmente la brutalità con cui la nostra società produce e rigetta gli emarginati; essa è il primo e l'ultimo luogo pubblico a cui ci si puo' ancorare, in un sistema divenuto quasi esclusivamente urbano.

Nella città, la stazione sembra sia il solo luogo pubblico dove la divisione della società in classi sia istituzionalizzata : i buffet e soprattutto le sale di attesa sono classificate e contraddistinte da un codice numerico. In un secolo, la democratizzazione ha permesso alla stazione di passare da una suddivisione della società in quattro classi sociali a dei sistemi ridotti a tre, poi a due classi. Neanche le stazioni della Cina Popolare sfuggono a questa logica implacabile : invece del codice numerico troveremo qui un sistema di riferimenti meno scabro e più sensoriale. Per definire la classe avremo infatti le parole « duro » e « soffice » che stanno ad indicare la natura dei sedili delle varie sale d'attesa : in velluto o in legno.

In città, è ancora attraverso la stazione che si esprime meglio, in considerazione dei nuovi flussi umani che essa vi fa convergere, la democratizzazione degli svaghi. Così durante gli anni trenta, si è assistito all'irruzione di intere famiglie operaie che partivano in ferie verso luoghi riservati prima alle classi privilegiate. Sulle foto storiche di questo grande avvenimento si puo' leggere la meraviglia di coloro che, arrivati alla loro meta, avevano per la prima volta oltrepassato in treno i limiti geografici al di là dei quali la loro fabbrica scompariva.

La stazione è uno degli ultimi grandi libri di immagini offerti al consumo del pubblico. Durante un secolo essa ha esibito una fantastica collezione di segni e di emblemi, di affreschi e di simboli che dispiegavano sulle sue facciate e nelle sue halls tutta un'inconografia in cui il potere esprime le sue ambizioni e in cui la borghesia mette in mostra i valori che essa vuole imporre nella nuova società : la colonizzazione dei popoli, la conquista territoriale, lo sviluppo prioritario dell'industria e del commercio con, come corollari, la glorificazione delle virtù nazionali e militari, quelle della famiglia, della religione e del lavoro. Saranno artisti docili e di ispirazione accademica quelli che si vedranno affidare il compito di realizzare questa profusione di immagini edificanti. Attraverso questa accumulazione di opere su comando, si profila nella stazione il destino dell'arte moderna. La stazione era infatti il luogo pubblico ideale per integrare la creazione pittorica e artistica nell'esistenza quotidiana della gente. La sua dinamica avvrebbe potuto essere confrontata al ventaglio delle classi sociali i cui percorsi fanno quotidianamente della stazione un microcosmo della società. Monet e Courbet in Francia, e Jules Destrée in

Belgio hanno militato perché artisti all'avanguardia della nuova arte intervenissero nell'architettura ferroviaria. Ma la prospettiva di far accedere la massa ad un'arte vivente è stata bloccata sul nascere; solo l'arte accademica vi ha avuto diritto di cittadinanza. Così la stazione è la testimonianza del divorzio tra arte e vita quotidiana che è una triste caratteristica della società industriale.

E' stata necessaria la dimensione vulcanica di una rivoluzione, quella del popolo russo, per permettere agli artisti di avanguardia di imporsi durante gli anni venti e di utilizzare le stazioni come centri culturali e politici grazie alle loro azioni di *agit-prop,* in un immenso paese dove la rete ferroviaria aveva un ruolo essenziale in tutti i campi della comunicazione. « I pittori e gli scrittori prenderanno senza tardare dei barattoli di vernice e con i pennelli della loro arte illumineranno e copriranno con disegni i fianchi, la fronte e il petto delle città, delle stazioni ed i greggi eternamente fuggenti dei vagoni » (Maiakowski).

Se gli artisti che hanno legato il loro nome alla storia della pittura moderna non hanno lasciato traccia del loro genio nelle stazioni, essi hanno comunque trovato in queste ultime una profonda ispirazione per un rinnovo di espressione : « i nostri artisti devono trovare la poesia delle stazioni come i loro padri hanno trovato quella delle foreste e dei fiumi » (Émile Zola). Dagli Impressionisti ai Futuristi, dagli Espressionisti ai Surrealisti, la stazione è stata il vettore di una serie di manifesti artistici che hanno cambiato e allargato la nostra visione del mondo : « nella costruzione delle stazioni ferroviarie si trovano le prime fondamenta di una grande estetica metafisica » (Chirico, 1910). Le variazioni pittoriche di Monet sulla stazione Saint-Lazare a Parigi e di Chirico sulle piazze delle stazioni italiane, le considerazioni metafisiche di Dali sulla stazione di Perpignan, le visioni surrealiste di Magritte e di Delvaux sulle stazioni di smistamento o le stazioni di periferia, sono altrettante tappe significative della nuova orientazione dell'ispirazione moderna. Se gli artisti che avrebbero così contribuito a definire l'essenza della pittura moderna hanno potuto essere ispirati dalla modernità dello spettacolo offerto dalla stazione, quest'ultima ha saputo anche svegliare nell'arte popolare una sensibilità che ha fatto nascere una grandissima diversità di immagini che evocheranno la stazione come un luogo leggendario e favoloso.
I mass-media contribuiranno ugualmente a diffondere e amplificare una visione di tutto ciò che può essere meraviglioso e tragico nella stazione. Sin dalle origini con « L'arrivo in stazione del treno a La Ciotat » di Lumière nel 1895 e fino ai film più recenti, il cinema è stato profondamente marcato da questo luogo di teatralità e di movimento : l'evidente vocazione cinematografica della stazione susciterà una nuova fantasmagoria, una nuova dimensione del racconto moderno.

Oltre ad essere il punto di arrivo e di partenza, la stazione è ugualmente il luogo dei « brevi incontri » o il terreno propizio per le avventure dalla sensualità inesplorata. Molte celebri case chiuse hanno cercato, con la riproduzione dei rumori caratteristici e l'evocazione attraverso scene e profumi, di ricostituire in lussuose camere il clima ferroviario dove si materializza il mito moderno della « Madone des Sleepings ».

Se, dal punto di vista strutturale, l'architettura della stazione assume spesso, nel XIX° secolo, la forma di una nuova porta della città, essa è, soprattutto dal punto di vista mentale, la porta aperta verso favolosi ed esotici paesi lontani pieni di avventure, fonte di abbondante ispirazione di romanzieri e poeti. Tuttavia, agli inizi della ferrovia, romanzieri e poeti furono restii ad evocare la stazione nella loro opera : « tu poeta moderno, tu detesti la vita moderna. Tu vai contro i tuoi dei, tu non accetti con franchezza la tua età. Perchè trovare brutta una stazione ? E' bella una stazione » (Émile Zola).

Nella fantasia moderna e nel mondo dei simboli, la stazione ha avuto una caratteristica importante di cui la psicoanalisi rende conto : « essa è l'espressione dell'inconscio, il punto di partenza dell'evoluzione, delle nostre nuove imprese materiali, fisiche e spirituali, è un centro che può invocare l'Io [...]; il capostazione rappresenta la testa pensante delle forze attive, creatrici e impersonali che presiedono al nostro destino » (Jean Chevalier).

L'immagine stessa del giocattolo moderno è spesso tradotta nella rete ferroviaria con i suoi trenini elettrici, le stazioni per i viaggiatori, le stazioni per lo smistamento e le stazioni merce. Si tratta infatti qui di un sistema che permette al bambino di proiettare le sue aspirazioni nello spazio quotidiano degli adulti e a costoro di esteriorizzare la loro volontà di potenza e di dominio sul mondo. L'euforia di dominazione che provoca la stazione-giocattolo spiega il perché del suo successo presso grandi e piccoli.

Per quanto riguarda le potenze occidentali, la stazione traduce con enfasi gli slanci di una politica di imperialismo che, durante un secolo, ha sconvolto le sorti del mondo e che ha trovato nel sistema ferroviario un mezzo magistrale di conquiste territoriali interne ed esterne. La stazione di Bombay è in India il più colossale monumento innalzato in un secolo in tutta l'Asia; esso domina la città con la sua massa glorificando le virtù dell'epoca vittoriana e la volontà di perennità di un'occupazione straniera. In Francia, a Metz, la stazione traduce con fedeltà la volontà dei tedeschi, dopo l'annessione dell'Alsazia-Lorena, di esprimere su questo territorio conquistato la nuova nazionalità del luogo; a titolo preventivo questa stazione era stata arricchita di vigilanti cavalieri teutoni armati. Grazie alla sua importanza, strategica e monumentale, affettiva e simbolica, la stazione esprime chiaramente la logica politica, simbolizzandone i principi. A Milano, la stazione costruita negli anni venti è la chiara manifestazione della volontà di grandezza e di visioni imperialistiche legate ad un delirio megalomane di ispirazione assiro-babilonese : l'architettura serve da supporto ad un' iconografia tronfia e minacciante, in cui si trovano alla rinfusa gli emblemi fascisti, le allusioni alla grandezza dell'impero romano, la glorificazione della forza fisica e della lotta.

I primi promotori del sistema ferroviario avevano pensato con innocenza che la stazione doveva essere uno dei simboli viventi dell'incontro, dell'unità e dell'amicizia dei popoli. Essa è invece diventata il luogo della città dove convergono gli uomini mobilizzati alla vigilia dei cataclismi guerrieri che oppongono le nazioni moderne. Nella stazione si riversano le pietose vittime che ritornano dal fronte. Nella stazione si ammassano nel completo disordine le folle sconvolte durante l'esodo dei civili, tese verso una speranza di fuga. Nella stazione saranno ammassati come bestie coloro per i quali è qui che incomincia il calvario che porta ai campi di sterminio nazisti. Questi campi, a loro volta, saranno organizzati come stazioni di uno smistamento finale e talvolta, come a Treblinka per esempio, essi saranno perfino camuffati in stazioni di villeggiatura « per aumentare l'effetto psicologico » quando sbarcheranno i sopravvissuti ai « treni della morte ».

Recentemente, nell'URSS, un'alta posta politica, strategica ed economica è stata costituita da un progetto ferroviario del Kremlino : la nuova linea transiberiana. La vecchia linea è infatti attualmente molto vulnerabile perché troppo vicina alla frontiera cinese. Lungo il nuovo tracciato della via, attraverso tutto il continente, una moltitudine di nuove stazioni diventeranno i centri di una serie di metropoli urbane e di agglomerati industriali giganti, i poli di una delle più grandi operazioni del secolo in termini di colonizzazione ex nihilo di un territorio. Un'epopea che ricorda quella che aveva fatto apparire il sistema ferroviario nel Far West o nelle colonie; ma qui l'epopea ha le dimensioni delle ambizioni della società post-industriale dove una programmazione economica e strategica sofisticata si cristallizza attorno ad un'immensa catena di stazioni in cantiere. L'URSS si serve così del sistema ferroviario per realizzare in Siberia un nuovo impero industriale, forse uno dei più potenti della fine di questo secolo.

In quanto poli di una rete ferroviaria, le stazioni sono state una delle più grandi opportunità della storia contemporanea per inventare nuovi concetti di autolimitazione della crescita delle città, attraverso la creazione di entità urbane coerenti e autonome attorno alle stazioni nuove o satelliti. Ai progetti di questa natura proposti al xx° secolo, dai filosofi o dagli urbanisti, la società industriale ha opposto un rifiuto pressoché unanime. Operando così una scelta storica, essa ha preferito un insieme di operazioni speculative redditizie a breve scadenza che dovevano dare alla gigantesca estensione delle città moderne e alle nuove periferie le loro strutture caotiche e isolate. Vale la pena di soffermarsi sul come le potenzialità della stazione siano state sviate. Esse potevano divenire infatti il centro di un'urbanistica consone al desiderio degli uomini, il germe di città di nuovo tipo, la possibilità di uno sviluppo armonioso e decentralizzato della società su territori vergini. E' stato deciso invece di farne il polo di una speculazione fondiaria e immobiliare basata sugli interessi di una minoranza. Da più di un secolo l'attualità ci mostra, e talvolta in modo molto caricaturale (da Toronto a Utrecht, da Bruxelles a Nancy, da Londra a Parigi), questa cristallizzazione attorno agli interessi speculativi sotto forma di promozione immobiliare sempre più arrogante rispetto al suo contesto sociale e sempre più brutale rispetto al suo contesto urbano. La stazione non finisce più di essere il portavoce del declino della città moderna investita dalla potenza e della logica del capitale. La natura stessa della stazione offriva a quest'ultimo un luogo privilegiato, quello di una concentrazione umana costantemente rinnovata e il cui flusso e riflusso era una garanzia di redditività.

E' dietro gli edifici delle stazioni, sull'immensa distesa fondiaria rappresentata dalla ferrovia, vera e propria enclave nella città, che si sta giocando attualmente una delle ultime grandi opportunità di ristrutturare i centri urbani delle nostre metropoli che incominciano a perdere la loro primitiva importanza. Il valore di questa posta politica e urbana è illustrata a Parigi dalla eccezionale entità del progetto detto « Seine-Sud Est » di cui la zona ferroviaria circostante le stazioni di Lyon e Austerlitz è il punto focale.

La crisi dell'energia e la presa di coscienza sul piano ecologico hanno portato alla ribalta il sistema ferroviario, il quale diviene ora il principale soggetto di dibattiti sulla politica dei trasporti, fondamento essenziale della nostra economia di scambi. In Francia, gli incassi del traffico viaggiatori sulle grandi linee è aumentato di più del 4 % tra il 1977 e il 1978. Negli Stati Uniti, il governo cerca attualmente, con Amtrak, di ricostruire una rete nazionale di linee di viaggiatori dopo aver lasciato marcire e agonizzare il sistema ferroviario per diversi decenni. Questo sistema che, riflesso di questo continente, era uno dei più strutturati, è stato sacrificato agli interessi dei trust dell'industria automobilistica e petrolifera. La concorrenza tra i trasporti ferroviari e stradali illustra una delle grandi lotte epiche del nostro tempo, quello di due sistemi che hanno tendenza a scegliere comportamenti e interessi divergenti.

Nel quadro di questo importante dibattito, la stazione resta un luogo attraverso il quale si vivono le opzioni che modellano il nostro ambiente e la nostra vita quotidiana. Essa è un vero sismografo delle vibrazioni e delle convulsioni della nostra società, del suo dinamismo o del suo declino, delle sue più piccole fluttuazioni.
I mass-media ci mostrano spesso fotografie di stazioni deserte per illustrare gli effetti di uno sciopero nazionale, per comprendere cosa significa l'arresto della vita sociale ed economica di un paese. Linee e stazioni rurali scompaiono dalla carta

del sistema ferroviario in numerosi sistemi occidentali e cio' è ancora una prova di come tali iniziative creino l'isolamento delle campagne.

Così la torre di Babele dei tempi moderni che rappresenta la stazione cade qua e là in rovina. Ma in cima a questa torre appaiono nello stesso tempo nuove strutture : creazione di linee ferroviarie, tracciati di nuove stazioni che sono la testimonianza di un dinamismo ferroviario che, da più di 150 anni, continua a far prova di una straordinaria facoltà di rinnovamento tecnologico di un servizio pubblico rimasto vitale, della fiducia sempre rinnovata di milioni di ferrovieri nella dimensione collettiva delle comunicazioni moderne.

Resteremo indifferenti ai paradossi di questo destino nel quale si coniugano il destino e il progresso, dove si riassume, simile alla Babele della sua epoca, la confusione degli slanci della nostra società ?

Jean Dethier
Commissario Generale
dell'Esposizione
Traduzione : Salvatore Poratti

HET STATION: EEN MODERNE TOREN VAN BABEL

Spoorwegstations ! Dat zijn zowel « de vulkanen van het leven » (Malevitch) als « de mooiste kerken op aarde » (Blaise Cendrars) en « moderne industriepaleizen opgericht ter ere van de godsdienst van de eeuw : de eredienst van de spoorweg. Deze kathedralen der moderne mensheid zijn een waar knooppunt van naties, een centrum waar alles en iedereen elkaar ontmoet, het middelpunt van enorme reuzensterren met ijzeren stralen, die zich tot over de gehele aarde uitstrekken » (Théophile Gautier).

In de laatste honderdvijftig jaar is het spoorwegstation uitgegroeid tot de spil waar het moderne leven omheen draait, een soort hoofdkwartier en tegelijk articulatie van een uitgebreid spoorwegimperium, waarvan de steeds snellere grœi een ingrijpende invlœd op de configuratie van een groot aantal landen gehad heeft. Hierdoor werd onze direkte omgeving volkomen anders en werd vanzelfsprekend ook onze verhouding tot ons natuurlijke, sociale en culturele milieu totaal gewijzigd. Door het bereiken van een steeds grotere snelheid en daarmee gepaard gaande korter wordende afstanden staat men geheel anders tegenover begrippen als ruimte en tijd. En toch maakt het spoorwegstation zo geheel deel uit van onze dagelijkse routine, dat men er nauwelijks meer acht op slaat en het geheel als deel van het gewone bestaan accepteert.

De bezœker zal zich misschien afvragen waarom deze tentoonstelling de voorkeur geeft aan het station boven de spoorwegen zelf ? Die keuze is gegrond op de rol van het station ten opzichte van de spoorlijn, die men zou kunnen vergelijken met die van het hart ten opzichte van de blœdvaten. Het hart is immers de spier, die het ritme van de blœdsomloop aangeeft : het orgaan waar alles van uitgaat en waar ook alles weer terug komt.

Het spoorwegstation is een van de weinige uit de industriële revolutie voortgesproten openbare gebouwen, dat sinds honderdvijftig jaar bij uitstek het tasten, de fluctuaties en de metamorfoses van onze Westerse maatschappij illustreert. Een station geeft vaak een uitstekend beeld van de mythen en realiteiten van de evolutie van onze moderne tijd. Het is een soort microcosmos der industriële samenleving, een openbare plaats van samenkomst van alle sociale rangen en standen. Door de jaren heen hebben veel spoorwegstations bovendien vaak een belangrijke historische rol gespeeld, waardoor ze in het centrum van de aktualiteit kwamen te staan als een spiegel met onnoemelijk veel facetten, die allerlei interessante gebeurtenissen weerspiegelde.

In alles is het spoorwegstation een voortbrengsel van onze moderne industriële maatschappij. Het is gebouwd op het grondprincipe van gebiedsuitbreiding en symboliseert het mystieke ideaal van communicatie van goederen en personen en van de eenwording der volkeren, zodat men dus eigenlijk van een soort moderne Toren van Babel kan spreken. Deze tentoonstelling stelt zich tot doel de fundamenten en alle niveau's van deze toren te exploreren — zowel de oude als de meer recente, de reële als de op fantasie berustende — van deze toren van Babel, die tegelijkertijd ruïne en in aanbouw is en die ons zo bekend voorkomt en toch ook zo algemeen miskend wordt. Deze tentoonstelling stelt zich tot doel zeer uiteenlopende fragmenten van dit immense bouwwerk te belichten, zodat de bezoeker de dubbele rol van archeoloog en van futuroloog vervult en dus in feite die van tolk speelt.

Een spoorwegstation kan op allerlei manieren « begrepen » worden, wat alweer het grote suggestieve vermogen bewijst, dat er van uitgaat. En om al deze facetten nader te bestuderen, hebben de organisatoren van deze tentoonstelling besloten de volgende aspecten van het station van dichtbij te bekijken : architectuur en urbanisme, technologie en decorum, kunst en volkscultuur, politiek en strategie, orde en dicipline, dichterlijkheid en fantasie. Door dit spel van elkaar aanvullende eigenschappen willen zij een nieuw licht werpen op het station en daarmee op onze dagelijkse omgeving. Deze enscenering van de vooruitgang der moderne techniek, die hier door het spoorwegstation gepersonificeerd wordt, heeft niet tot doel een soort weemoedige terugblik op het verleden te zijn en wil ook niet van ons volle vertrouwen in de toekomst getuigen. De opzet is veel eerder om op zo objektief mogelijke wijze de konsekwenties aan te tonen van een systeem, dat nu al anderhalve eeuw oud is. Om zo de bezoeker in staat te stellen de doorgemaakte evolutie te volgen en de verschillende tijdperken te vergelijken van een stukje geschiedenis, dat gedeeltelijk nu reeds schuil gaat achter een wereld van mythen en verbeelding en tevens achter een aktualiteit, die soms enorm boeiend en dan weer angstig benauwend is, maar die, hoe dan ook, de sfeer van elk station blijft bepalen.

Een station is niet zo maar een plaats zonder meer. Het spreekt uitdrukkelijk van de vele paradoxen, die zich in onze samenleving voordoen en concretiseert bepaalde tegenstrijdige ideeën die onze industriële maatschappij kenmerken. Bijna alle grote stations, die in de 19^e eeuw gebouwd werden, zijn gebaseerd op twee elementaire principes : het « reizigersgebouw », waarvan de constructie aan architecten werd toevertrouwd — en die praktisch allemaal bijzonder conservatief van opzet zijn — met daarnaast de grote, metalen overkapping der perrons, het werk van ingenieurs en door hen ontworpen als een nieuw constructiesysteem dat, vol vertrouwen en optimisme, geheel gericht is op een nieuwe, technologische toekomst. Voor een goed funktioneren van het station was het harmonische samengaan van deze twee elementen nodig... En zo gebeurde het, dat op één en dezelfde plaats de uitersten van twee geheel uiteenlopende opvattingen en twee volkomen verschillende ethieken in de architectuur met elkaar werden geconfronteerd : twee geheel verschillende wereldbeschouwingen. Zodat het station op veel punten de simultane en tegenstrijdige uitdrukking is van het Wonderbaarlijke en van de Tragiek van de moderne tijd.

Al een eeuw lang is het spoorwegstation het symbool van « overtreffen » : het overschrijden van allerlei limieten. De treinen bereiken steeds grotere snelheden, terwijl de ingenieurs tegelijkertijd ter overkapping van de perrons steeds wijdere en hogere staalconstructies realiseren, waarvan de immense — en bijna overdreven — afmetingen lijken te streven naar het omvatten en beheersen in één en dezelfde mythische projektie van deze microcosmos der samenleving, door het station uitgebeeld.

Zo getuigen bijvoorbeeld de stations van grote steden van de grootheidswaanzin der moderne tijd, van een cultus van technologische prestaties, die een beslissende invloed krijgen op de ontwikkeling van onze beschaving, een cultus die tot een nieuw soort zinsbegoocheling zal leiden. Het station wordt een geheel aan de moderne technologie gewijde tempel waarin het ritueel van een nieuwe cultus tot expressie komt. Een ouderwetse stoomtrein, die puffend het station binnen komt, is zelfs na het verdwijnen van deze locomotieven nog een synthetisch visioen gebleven van veelbelovende glans en van de waardigheid der industriële samenleving. En zelfs de jongere generaties blijven dromen van dit beeld, waarop zij hun fantasie projekteren.

De 19e eeuwse resultaten van het initiatief der ingénieurs in het stationsbouw geven een duidelijk beeld van het vertrouwen van een bepaalde minderheid in een technologische en op produktie gerichte toekomst. Daarentegen getuigen de architectonische ontwerpen van een volkomen tegengestelde tendens, die tevens de gevoelens van de grote meerderheid van het publiek vertolkt : de angst voor een té grote sprong in de toekomst, een streven naar een héél voorzichtige dosering van nieuwigheden en traditie. Om de ingrijpende veranderingen, die de spoorweg in een stad te weeg brengt, te niet te doen, zien bijna alle stationsgebouwen uit de negentiende eeuw er uit als Griekse tempels of Romeinse thermen, Romaanse basilieken of Gothische kathedralen, Renaissance kastelen of Barokke abdijen. Dit opmerkelijke samengaan van een vlucht naar imitatie en historisch fetischisme getuigt van een diepe angst overspoeld te worden door de nieuwe tijd, die ook toen al meer verontrustende dan geruststellende gevoelens wekte. Deze onderdrukte ongerustheid, die men bij de aanblik van een station ervaart, deze angst veroorzaakt door dit bij uitstek door beweging gekenmerkte gebouw, worden ook nu nog door vele van onze eigen tijdgenoten duidelijk aangevoeld. Daarom heeft de spoorwegarchitectuur er in de laatste honderd jaar naar gestreefd die angst voor het nieuwe, die als een agressie ervaren wordt, te sublimeren. De meeste ontwerpen van architecten, die de moderne richting aanhingen en die duidelijk de stempel van het eigentijdse droegen, zijn nooit uitgevoerd; van de initiatieven van futuristische en expressionistische architecten uit het begin van deze eeuw zijn slechts de werktekeningen voor stations bewaard gebleven en die zijn in de historie op een dood spoor gelopen.

Maar in de twintiger jaren begint de architectuur de expressie te worden van de definitieve overwinning van de aanhangers van een internationaal model van industriemaatschappij, gericht op een uitgesproken produktiviteitsideaal. Voortaan zal de architectuur deze richting nauw volgen en zich in een nieuwe ethiek en een nieuwe « internationale » taal gaan uiten, waarvan de opzettelijke neutraliteit niets anders is dan de cultus der mechanica en een constant streven naar constructieve rationaliteit en operationeel funktionalisme. De meeste in de laatste halve eeuw gebouwde stations zijn een afspiegeling van deze dominerende ideologie. Allemaal dragen ze de kenmerken van onze samenleving : een beklemmende uniformiteit, een volkomen onverschilligheid voor de omgeving, het publiek en zelfs voor hun eigen funktie. Men kan er heel duidelijk de koude rationaliteit uit lezen, die onze « planners » er toe brengt beslissingen te nemen inzake alles wat ons omringt en dat zonder enige ware belangstelling voor culturele, symbolische, emotionele of affektieve dimensies. Evenals een domineren van kwantiteit over kwaliteit, een verwerpen van elk particularisme dat tot onze zintuigen zou kunnen spreken. En zo zijn de huidige stations van een neutraliteit geworden, waarvan de leegheid zelfs de huidige technocraten beangstigt, die tegenwoordig dit gevoel van leegte trachten te vullen met een muzikaal stroopje waarvan een geruststellend effekt heet uit te gaan. In alle landen ter wereld hebben de moderne stations praktisch alle uiterlijke kentekenen van hun sociale roeping en hun architecturale struktuur als forum van het publieke leven laten varen. Het zijn anonyme copieën geworden van de meest courante modellen van ons huidige economische systeem — winkelcentra, kantoorgebouwen — waar zich vóór alles de verschijningsvorm van een zoeken naar winst en rentabiliteit aftekent, die visueel elke andere roeping schijnt uit te sluiten.

Door een opvallend doorslaan naar het andere uiterste — een geheel van alles losstaand funktionalisme, zonder enige culturele kentekenen die de aandacht van het publiek trekken — zijn de moderne spoorwegstations dermate van elke betekenis gespeend dat, in vergelijking daarmee, de stations uit de negentiende eeuw ons nu juist extra expressief en zinvol toelijken, als een uitdrukking van een aantrekkelijk enthousiasme en een diepe bewondering voor het Wonderbaarlijke. Een overvloed van architectonische details en ornementen, waarvan het zeer theatrale tentoonspreiden in de ruimte tot een modern sprookje heeft geleid. Deze overdrijving kwam destijds met des te meer uitbundigheid tot uiting naarmate het spoorwegimperium zich ontwikkelde in gebieden, waar de Westerse beschaving en industrie nog geen voet aan de grond hadden. Daar was een spoorwegstation tevens een symbool van de elementaire overwinning der industriële samenleving en leidde tot een nieuwe en meer efficiënte « ruimte-tijd » relatie. Het was de rol van het station om dat aspekt van het Wonderbaarlijke — waar een hele moderne mythologie op gebouwd werd — op waardige wijze te materialiseren.

In de negentiende eeuw maakte een rationele toepassing van de spoorwegdienstregeling het nodig, dat de verschillende landen hun tijd gelijk gingen stellen. Inplaats van het « traditionele » uur — van de hemel en de zon — had men nu te rekenen met de stationstijd, een « heidens » uur uit het technologische tijdperk. En als was het om dit geüniformiseerde uur, dat officieel en nationaal erkend werd, hoog aan de hemel te verkondigen, kreeg het station er een zowel symbolisch als funktioneel element bij : een hoge klokketoren met meerdere wijzerplaten, die een concurrent werd van de kerk en de stadstoren, de urbanistische herkenningstekenen uit het pre-industriële tijdperk. Het is opvallend hoe in de Latijnse landen van Europa — waar het begrip « tijd » een minder belangrijke rol speelt — de stations ook veel minder vaak een klokketoren hebben, terwijl in de landen, die voor hun sociale discipline bekend staan, elk station zijn toren heeft. Een station is daar nog een plaats, waar heel acuut de noodzaak van het juiste uur gevoeld wordt, evenals de rol die het moderne levensrythme in de steden van de « modern times » speelt.

Met een koortsachtig, slingerend ritme dat onze industriële samenleving de wereld heeft opgelegd, slikt het station dagelijks — met een onontkoombaar, steeds weerkerend ritueel — 's morgens miljoenen forenzen in om ze 's avonds met een even grote regelmaat weer uit te spuwen. In deze schokkende heen-en-weer beweging, tussen werkkring en familie, ondergaande in een golvende mensenmassa, die dagelijks tussen de stations en de forenzensteden een lange en afstompende routine ondergaat, gaan jaarlijks miljoenen uren geheel verloren.

Dit dagelijks terugkerende drama, deze enorme verspilling van menselijke energie, is evenredig aan het onvermogen der industriële maatschappij om, reeds in de negentiende eeuw, regionale projekten te ontwerpen en uit te voeren waardoor het platte land later niet automatisch ontvolkt zou worden, terwijl daarentegen de stadsbevolking veel te snel aan zou groeien. In plaats van een element van decentralisatie te worden, gebruikte men het spoorwegnet eerder als instrument voor het toepassen van een politiek, economisch en sociaal centralisme.

De negentiende eeuwse boer trekt naar zijn dorpsstationnetje en wordt van daar uit door de nieuwe produktivistische logica van zijn land weggezogen om in de chaos van voorsteden en fabrieken terecht te komen die in de omgeving van de stations der grote industriesteden woerkert

Op het station leest men verlorenheid en angst op de gezichten der negentiende eeuwse emigranten en van de gastarbeiders uit onze eeuw. Deze laatste worden geëxploiteerd door de moderne verbruikseconomie zonder dat onze maatschappij ze wenst te integreren. En in sommige steden — bijvoorbeeld in Zürich en München, waar veel buitenlands werkvolk aangeworven wordt — vinden ze tegenwoordig slechts het station als toevluchtsoord en hokken daar per ras in groepjes bijeen om zo collectief wat schrale troost te zoeken in hun ontworteld bestaan. Voor hen betekent het station zowel de plaats waar hun de-culturatie haar dieptepunt beleeft, als de navelstreng, die hen psychologisch met hun geboortegrond verbindt.

In het station komt ook de harde onverschilligheid, waarmee onze samenleving haar marginale leden zowel produceert als verwerpt, het beste tot uiting; het station is hun eerste en ook hun laatste publieke standplaats in een systeem, dat praktisch geheel geürbaniseerd is.

In de stad is het station ook het enige publieke punt waar een institutionalisering is waar te nemen van de verdeling in rangen en standen van onze maatschappij. Elk stationsbuffet, en niet te vergeten de wachtkamer, heeft immers een nummer volgens een vastgestelde hiërarchie. In één eeuw heeft dit systeem zich echter in zoverre gedemocratiseerd, dat men van vier sociale rangen tot drie en zelfs tot twee is gekomen. Zelfs de stations van de Chinese Volksrepubliek ontkomen niet aan deze blijkbaar onvermijdelijke logica; de onderverdeling in klassen heeft hier echter plaats gemaakt voor een systeem dat minder « cru » aandoet en zich meer tot de zintuigen richt. Men spreekt er over « hard » en « zacht », al naar gelang de banken in de wachtkamer van hout of fluweel zijn.

In de stad is het alweer het station dat in de vakantie en de weekends de massa naar zich toe trekt : in onze moderne eeuw wel het duidelijkste teken van de democratisering van de vrije tijd. Vooral in de dertiger jaren viel dit in Frankrijk bijzonder op, toen opeens hele arbeidersfamilies hun vakantie doorbetaald kregen en op reis gingen naar streken, die tot nog toe alleen door de beter gesitueerde klasse werden bezocht. Op de inmiddels historisch geworden foto's uit die tijd kan men de opgetogenheid van deze nieuwbakken reizigers lezen bij aankomst op het station van hun nieuwbakken reisdoel; voor de allereerste keer van hun leven zijn ze immers verder gekomen dan de geografische grenzen van hun voorstadje en hun fabriek !

Het spoorwegstation is een van de modernste grote prentenbœken waar het publiek in kan bladeren. Een eeuw lang heeft het station een fantastische verzameling tekens en emblemen tentoongespreid, fresken en symbolen, die op voorgevels en in stationshallen een hele ikonografie ten toon stelden, waarin machthebbers hun streven uit konden drukken en de burgerklasse met nadruk dié waarden onderstreepte die ze het hoogste schatte : kolonisatie, territoriale overwinningen, prioriteit aan ontwikkeling van handel en industrie, met als logische konsekwentie daarvan de verheerlijking van nationale en militaire deugden, van gezin, godsdienst en arbeid. En de uitvoering van al deze overstelpende en didaktische plastiek werd toevertrouwd aan volgzame kunstenaars met een uitgesproken akademische vorming.

In deze overvloed van opdrachten tekent zich in het station tegelijkertijd de toekomst van de moderne kunst af. Is dit niet hét ideale publieke intergratiepunt van pikturale en artistieke creatie in het dagelijkse leven ! De dynamiek van het spoorwegstation zou er immers geconfronteerd kunnen worden met een groot aantal sociale rangen en standen, die van het station dagelijks een microcosmos van onze samenleving maken. Monet en Courbet in Frankrijk, Jules Destrée in België, hebben zich zeer ingespannen om de pionniers van een nieuwe kunst volop mee te laten doen aan de spoorweg-architectuur. Helaas heeft dit openstellen aan de verbruiker van levende kunst steeds tegenstand ondervonden en kreeg alleen de akademische kunst een kans zich op dit terrein te ontplooien. En zo is het station als het ware een afspiegeling van de echtscheiding tussen kunst en het dagelijkse leven, die zo kenmerkend is voor onze industriële samenleving.

Pas een vulkanische uitbarsting als de Russische Revolutie maakte het mogelijk dat, in de twintiger jaren, moderne kunstenaars de stations binnendrongen en van deze zo essentiële punten voor de communicatie in dit immens grote land met hun *agit-prop* akties een cultureel en politiek forum maakten.
« Binnenkort gaan alle schilders en schrijvers hun verfpotten ter hand nemen en met de penselen van hun kunst zullen ze flanken, voorhoofd en borsten van steden en stations en van de eeuwig wegvluchtende kuddes wagons met hun tekeningen versieren » (Maïakovski).

En zo bleef in het station geen enkel spoor achter van het genie van dié kunstenaars, waarvan de werken mijlpalen in de geschiedenis der moderne kunst zijn geworden. Daarentegen waren deze knooppunten van spoorlijnen voor hun een bron van inspiratie van een geheel nieuwe vorm van expressie. « Onze kunstenaars moeten de poëzie in het station gaan zoeken, zoals hun ouders die in bossen en rivieren vonden » heeft Emile Zola gezegd. Impressionisten, Futuristen, Expressionisten en Surrealisten, voor allemaal is het station een uitgangspunt geweest voor een serie artistieke manifestaties, die onze visie op de wereld ingrijpend gewijzigd en verwijd hebben. In 1910 zei de Chirico : « In de constructie van het spoorwegstation vindt men de allereerste grondleggingen voor een grote, metafysische estetica. » De picturale variaties van Monet op het Gare Saint Lazare in Parijs en van de Chirico op verschillende italiaanse stations, evenals de metafysische beschouwingen van Dali op het station van Perpignan en de surrealistische visies van Margritte en Delvaux op goederenstations en stationnetjes van voorsteden, allemaal zijn het even zoveel belangrijke etappes in een nieuwe ontwikkeling van een moderne verbeeldingswereld. Waar de kunstenaars, die bijgedragen hebben het wezen van de moderne schilderkunst te definiëren, geïnspireerd werden door het moderne van het schouwspel van een station, roerde het spoorwegstation op zijn beurt in de volkskunst een gevoelige snaar, die de bron werd van een bijzonder gevarieerd prentenboek, dat van het station het stereotype van een legendarisch en bijna sprookjesachtig oord heeft gemaakt.

Ook de moderne media hebben bijgedragen deze visie van Wonderbaarlijkheid en Tragiek te verspreiden. Toen de filmkunst nog in haar kinderschoenen stond, maakte Louis Lumière in 1895 zijn zo beroemd geworden filmpje « Aankomst van een trein in het station van La Ciotat » en in de loop der jaren heeft de filmkunst voortdurend de invloed van dit toneel van drama en beweging ondergaan. En dit « natuurtalent » van het station voor de film ligt ten grondslag aan een nieuwe verbeeldingswereld en geeft een nieuwe dimensie aan een moderne vertelwijze.

Een station is niet alleen het begin- en eindpunt van vele avonturen, maar ook het ernstige toneel van vele « brief encounters » en een bij uitstek geschikte plaats voor avontuurtjes en zelfs voor het zoeken naar nieuwe soorten zinsgenot. Door het geluid en de trillingen van een trein te imiteren en hun luxueuse kamers met behulp van decors in een treincoupé te veranderen, hebben enkele bekende bordelen zelfs getracht het moderne verhaal van de « Madonna of the Sleepings » te doen herleven !

Hoewel de uiterlijke architectuur van een negentiende eeuws station meestal op een nieuwe stadspoort lijkt, is het psychologisch veel eerder een poort die, via de spoorlijnen, naar vergelegen, avontuurlijke en exotische oorden voert, die altijd een eindeloze bron van inspiratie zijn geweest voor romanschrijvers en dichters. In de beginperiode der spoorwegen aarzelden zij echter de lof van het station te zingen. « Moderne dichters, jullie kijken op het moderne leven neer. Jullie gaan juist tegen jullie eigen goden in en weigeren je eigen tijd volledig te accepteren. Waarom moet een station lelijk worden gevonden ? Een station is juist mooi ! ?» schreef Emile Zola.

De psychoanalysten van deze eeuw kennen het station een belangrijke rol toe in de moderne verbeeldingswereld en in het huidige symbolisme : een station is « de expressie van het onderbewuste, het uitgangspunt van de evolutie, van onze nieuwe materiële, fysieke en spirituele ondernemingen, het is een centrum dat het « Ik » vermag op te roepen; de stationschef vertegenwoordigt het leidinggevende hoofd van de actieve, creatieve en onpersoonlijke krachten, die ons noodlot regelen » (Jean Chevalier).

Zelfs ons moderne speelgoed wordt vaak gesymboliseerd door een elektrisch spoorwegnet met overal reizigers- en goederenstations : een systeem waarmee het kind niet alleen zijn aspiraties op de dagelijkse leefruimte kan projekteren, maar dat ook de volwassene een kans geeft zijn drang naar macht en heerschappij te sublimeren. Het uitgesproken heersersgenot, dat van een speelgoedtrein uitgaat, is dan ook heel duidelijk de verklaring van de grote populariteit dat dit soort speelgoed bij jong en oud geniet.

Voor de Westerse landen is het station bij uitstek een afspiegeling van een imperialistische politiek, die in één eeuw het aanzien van de hele wereld veranderde en die in het station een fantastisch hulpmiddel vond voor binnen- en buitenlandse territoriale overwinningen. Het station van Bombay, in India, is het meest kolossale monument dat men in heel Azië gebouwd heeft in de eeuw van het kolonialisme. Het domineert de stad met zijn enorme steenmassa, die de deugden van het Victoriaanse tijdperk en het streven naar een blijvende koloniale bezetting verheerlijkt. Het station van Metz, in Frankrijk, vertolkt duidelijk de wil van de Duitsers om, na hun annexatie van Elzas-Lotharingen, een germaans stempel te drukken op dit zojuist onderworpen gebied : als voorzorgsmaatregel werd het station alvast uitgerust met Teutoonse en zwaargewapende ridders. En door zijn strategische, monumentale, affektieve en symbolische rol is het station duidelijk de expressie van de politieke logika, die aan zijn bestaan ten grondslag lag. Het station van Milaan, dat in de twintiger jaren gebouwd werd, getuigt van een onrustbarende drang naar buitennissige afmetingen en van enn imperialistische visie, die tot uiting komen in een razernij van grootheidswaanzin, geïnspireerd op de Assyrische en Babylonische architectuur; hier dient de bouwkunst als achtergrond voor een dreigende, triomferende ikonografie, waar fascistische emblemen zich vermengen met herinneringen aan het machtige Romeinse imperium en verheerlijking van fysieke kracht en geweld.

In het naïeve brein van de negentiende eeuwse promotors der spoorwegbouw was het station een levend symbool van een ontmoetingsplaats, waar de eenwording en vriendschap van alle volkeren op aarde zich ontplooit. En dat terwijl het station in de oorlog, waar moderne naties elkaar bestrijden, juist een verzamelplaats is voor alle gemobiliseerde soldaten, die op weg naar het front zijn, terwijl het tevens het eerste herkenningsteken van « thuis » is, dat de verminkte slachtoffers bij hun droevige terugkeer zien. Verder is het station in oorlogstijd een etappe voor ongeorganiseerde massa's burgers tijdens hun vlucht naar — hopen zij — vreedzamer oorden. Vele stations waren het beginpunt waar de Nazi's mensen als vee in goederenwagens stouwden om ze naar vergelegen uitroeiingskampen te vervoeren die — zoals bijvoorbeeld Treblinka — er uitzagen als een dorpsstationnetje, zg. « om het psychologische effekt te verhogen » bij het uitladen van de overlevenden van deze « dodentreinen » !

In de Sovjet Unie heeft een nieuwe strategische en economische politiek de vorm van een spoorlijn aangenomen, toen het Kremlin besloot een nieuwe Transsiberische spoorweg te bouwen. Het oude trajekt is nl. tegenwoordig bijzonder kwestbaar geworden, doordat het vlak langs de Chinese grens loopt. De nieuwe Transsiberische spoorlijn die dit immense continent gaat doorkruisen, zal door een groot aantal nieuwe stations omzoomd worden, die als knooppunt gaan dienen voor enorme industriecomplexen en grote steden en dus centra worden voor een van de meest groots opgezette projekten van deze eeuw op het gebied van « kolonisatie » politiek. Een projekt, dat men zou kunnen vergelijken met de doorbraak van de spoorwegen in de Far West of in koloniale gebieden. Hier ligt dit projekt echter op het niveau der ambities van onze post-industriële maatschappij, waar een ver doorgevoerde economische en strategische planning zich kristalliseert op een eindeloos lange reeks van stations in aanbouw. Zo gebruikt de Sovjet Unie dus de spoorwegen om in Siberië een industriëel imperium te vestigen, dat misschien wel eens een van de machtigste van het eind van deze eeuw zou kunnen worden.

Als knooppunt van een spoorwegnet is het station een van de eerste aanleidingen geweest om nieuwe ideeën te zoeken voor de zelfbeperking van een te snelle stadsuitbreiding door het creëren van coherente en autonome stadseenheden om nieuwe of satellietstations heen. De projekten uit de negentiende en het begin van de twintigste eeuw op dit gebied, door urbanisten en filosofen voorgesteld, werden echter unaniem door de industriële samenleving verworpen, die daarmee het historische en fatale besluit nam de voorkeur te geven aan een accumulatie van speculatieve operaties met rentabiliteit op korte termijn. En het is deze voorkeur, die aan onze enorme, moderne stadsuitbreidingen en voorsteden hun chaotische en in stukjes gesneden struktuur heeft gegeven. Opvallend is daarbij het misbruik, dat van de potentialiteit van het station gemaakt verd. Dit was immers dé gelegenheid om van het station een urbanistisch centrum en het middelpunt van een nieuwbouwstad te maken en zo de mogelijkheid te scheppen voor een harmonieuze ontwikkeling en decentralisatie van onze samenleving naar nog onontgonnen gebieden. Inplaats daarvan werd het station echter een belangrijke faktor bij spekulatie in grond en onroerende goederen, welke uitsluitend de belangen van een kleine minderheid ten goede komt. Sedert meer dan honderd jaar kan men — soms op de meest karikaturale manier — van Toronto tot Utrecht, van Brussel tot Nancy en van Londen tot Parijs dit kristalliseren van spekulatieve belangen in de nabijheid van het station waarnemen in de vorm van reklamecampagnes voor onroerend goed, die hoe langer hoe arroganter worden in de sociale en hoe langer hoe agressiever in de urbanistische context. Het station blijft een levende getuigenis van de rol gespeeld door de moderne stad, gebouwd op de macht en de logika van het kapitaal. Van nature is het station immers een bevoorrechte plaats, waar een geconcentreerd aantal mensen zich permanent vernieuwt : en de exploitatie van aan- en afvoer van deze concentratie is een garantie voor rentabiliteit !

Het is achter het station, op de immense oppervlaktes van bouwgrond van het spoorwegdomein, die zich tussen de verschillende stadsgedeeltes uitstrekken, dat zich tegenwoordig een van de meest recente gelegenheden voordoet om de mislukte wijken van onze steden opnieuw te struktureren. Deze geweldige politieke en urbanistische inzet wordt onder meer in Parijs geïllustreerd door het gigantische projekt « Seine Sud Est », dat zich rondom de spoorlijnen van het Gare d'Austerlitz en het Gare de Lyon uitstrekt.
Door de energiekrisis en het milieubewustzijn der laatste jaren zijn de spoorwegen weer geheel in de algemene belangstelling komen te staan. Het transportbeleid, dat een essentieel element van onze uitwisselingseconomie is, maakt een zeer aktueel onderwerp van debat uit. In Frankrijk is de omzet van het reizigersverkeer op de grote lijnen tussen 1977 en 1978 met 4 % gestegen. In de Verenigde Staten probeert de regering momenteel, in samenwerking met Amtrak, een nationaal net van reizigersvervoer op te bouwen, nadat de spoorwegen tientallen jaren als een volkomen verwaarloosd stiefkind waren behandeld en al bijna geheel ten dode waren opgeschreven. Hoewel het Amerikaanse spoowegnet een van de best gestruktureerde was, is het lange tijd opgeofferd geweest aan de belangen van de automobiel- en olietrusts. De concurrentie tussen spoorwegen en wegvervoer illustreert duidelijk een verbeten strijd uit deze eeuw tussen twee systemen, die zeer uiteenlopende houdingen en belangen vertegenwoordigen.

In het centrum van dit belangrijke debat blijft het station steeds de plaats waar zich gebeurtenissen afspelen die de toekomst van ons milieu en ons dagelijks bestaan beslissen. Als een soort seismograaf, die alle trillingen en uitbarstingen van onze samenleving opneemt, haar dynamisme en haar achteruitgang en alle schommelingen waar onze maatschappij aan onderhevig is. De moderne media kiezen vaak een foto van een verlaten station om bijvoorbeeld het effekt van een nationale spoorwegstaking te illustreren en hiermee en beeld te geven van het stopzetten van het sociale en economische leven van het land. En het sluiten van landelijke dorpsstationnetjes en minder belangrijke spoorlijnen is er in veel Westerse landen de oorzaak van geweest, dat het platteland van de grote stad gescheiden raakte.
En zo gebeurde het, dat een groot aantal muren van deze moderne Toren van Babel reeds in verval raken. Terwijl tegelijkertijd nieuwe stukken juist in aanbouw zijn : nieuwe spoorlijnen worden aangelegd, nieuwe stations ontworpen, om deel te nemen aan een spoorwegdynanisme, dat nu al sinds honderdvijftig jaar getuigt van de verbazingwekkende gave van technologische vernieuwing van een publieke dienst, die steeds levend is gebleven en van het vertrouwen van miljoenen spoorwegarbeiders in de collectieve dimensie van moderne communicatie.

Kunnen wij dan onverschillig blijven voor de paradoxen van deze ontwikkeling, waar noodlot en vooruitgang samengaan en waarin de verschillende tendenzen van onze samenleving zich verenigen, zoals in het Babel van de Oudheid ?

Jean Dethier,
Commissaris van de Tentoonstelling
Vertaald door Jeanne Renault

LE TEMPS DES GARES

1

2

3

Dans la ville, dès le XIXe siècle, la gare devient une nouvelle porte de la cité, une masse imposante dont la silhouette domine le quartier, le pivot autour duquel se déploient d'énormes opérations d'aménagement urbain, le germe d'urbanisations nouvelles.

1
Portique d'entrée de la gare de Euston à Londres, 1837, Philip Charles Hardwick, architecte. (Photo NRM)
2
La gare et l'hôtel de Saint Pancras vus depuis Pentonville Road; O'Connor, huile sur toile, 1884, London Museum. (Photo NRM)
3
La gare de Toronto, Canada; à droite la base de la tour du Canadien National, initialement conçue comme pivot d'un énorme complexe immobilier prévu au-dessus des emprises de la gare. (Photo R. Van der Hilst)
4
Le quartier de la nouvelle gare Montparnasse à Paris : une violente rupture d'échelle entre les quartiers traditionnels et cette gigantesque opération immobilière cristallisée autour de la gare au cours des années 60/70. (Photo Interphotothèque, Paris)
5
La gare Saint-Jean à Bordeaux : alors que la gare était construite tangentiellement à la ville au XIXe siècle, les emprises des voies ferrées constituent maintenant une coupure importante entre le centre urbain (à gauche) et ses banlieues. (Photo A. Perceval)
6
La ville ferroviaire de New Swindon créée de toutes pièces en 1849 sur le réseau du Great Western Railway en Grande-Bretagne. A gauche les ateliers ferroviaires, à droite la cité ouvrière; entre les deux l'église; au fond la gare. (Photo NRM)
7
Projet de l'architecte futuriste italien Virgilio Marchi en 1919 pour un centre de ville déployé en gradins le long de sa gare. (Photo Planchet, CCI)
8
Plan de la cité-jardin de Bedford Park à l'ouest de Londres : le mythe de la « ville à la campagne » structuré autour d'une gare de banlieue. (Photo Hounslow Library, Chiswick)

Page précédente :
1
Grand hall de Euston à Londres, Philip Charles Hardwick, architecte. Achevé en 1848, détruit en 1961. (Photo NRM)
2
Autoportrait du photographe dans la gare. (Photo François-Xavier Bouchart)
3
Une autre poésie : l'empire des lumières des gares, la nuit. (Photo Ronzel, SNCF)

1

2

3

4

7

5

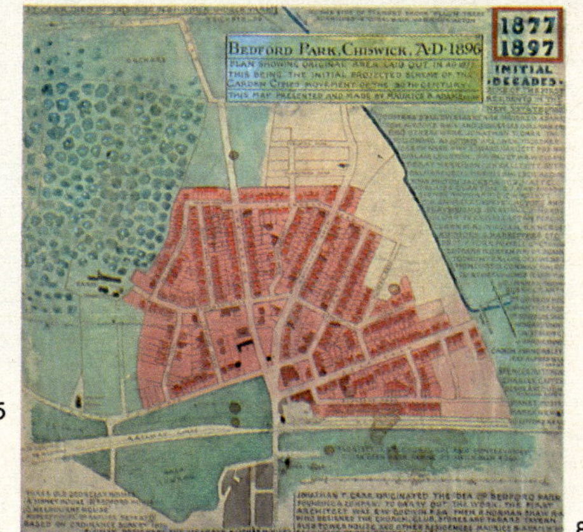

8

6

1
« Air Raid on Willesden Marshalling yard » tableau de N. Wilkinson. Bombardement de nuit d'une gare de triage londonienne en 1940 : la destruction du réseau ferré aux mains de l'ennemi constitue un élément de tactique militaire fondamental; les gares sont particulièrement visées comme pivots d'articulation du système. (Photo NRM)
2
Adieux des populations aux soldats mobilisés : illustration d'un thème classique vers 1864, Danemark. (Photo DSB)
3
« Femmes-porteurs pendant la guerre », tableau de W. Robert, Imperial War Museum, Londres. (Photo NRM)
Dès 1914, les gares verront leur physionomie se modifier par l'apport massif de la main d'œuvre féminine. Mobilisées pour l'effort de guerre, comme dans d'autres secteurs industriels, elles relayent les hommes essentiellement à la manutention, l'entretien, la fabrication de pièces.

1

Monument phare du capitalisme, à ses débuts, avec une fonction première de prestige, la gare est porteuse d'une symbolique politique et idéologique. Théâtre où se joue la représentation des pouvoirs qui se donnent à voir et impriment la certitude de leur suprématie dans leur traduction architecturale et ornementale.

2

4
« La gare de Victoria », Bombay, Inde, F.W. Stevens, architecte. Construite entre 1894 et 1896 et réputée pour être le plus grand édifice construit en son temps en Asie. Symbole glorieux d'une société en expansion qui exporte des styles européens d'architecture tout en essayant d'intégrer les traditions locales. (Photo NRM)
5
Gare de Doornfontein dans la banlieue de Johannesburg. La division en classes se double en Afrique du Sud des signes de la ségrégation raciale imposée par le pouvoir blanc; accès séparés aux trains pour blancs et « non blancs ». (Photo Dahlström, VDR)
6
Portrait géant de Mao Tsé-Toung sur la facade de la gare de Pékin, 1958. Édifiée par les Soviétiques, dans un style qui se voulait national chinois, dans le cadre de leur assistance technique, avant la rupture entre les deux pays. (Photo Whitehouse, VDR)
7
Vitrail du Salon d'honneur de la gare de Metz, pavillon du Kaiser, 1905-1908, Kröger, architecte. Édifiée sous l'occupation allemande de l'Alsace-Lorraine, l'ornementation évoque à travers la figure de Charlemagne, la volonté de puissance impériale. (Photo Planchet, CCI)
8
La statue de Lénine devant la « Nouvelle gare de Finlande » à Léningrad, 1960 : bras levé, comme indiquant la voie du socialisme dans cette ancienne Petrograd qui fut le siège du gouvernement bolchevique et fut baptisée du nom du son dirigeant à la mort de ce dernier. (Photo VDR)

3

4

7

NET BLANKES NA / WHITES ONLY TO
SPRINGS
PLATFORM 3
DOORNFONTEIN
5

8

BEIJING ZHAN
6

1
Gare de Bombay-Churchgate, Inde. Arrivée d'un train de banlieue. Marée humaine déferlant sous l'œil implacable d'une horloge géante qui rythme les flux et reflux de ses usagers quotidiens et captifs. (Montage photographique; photos VDR)
4
Affiche pour le réseau français de l'État, Masseau, 1932 : le culte de l'exactitude ferroviaire. (Photo Planchet, CCI)

Lieu de brassage des multitudes, la gare s'impose comme un élément essentiel du contrôle social. Les fresques qui en constituent l'ornementation déploient autant de thèmes de moralisation en accord avec la spécificité régionale ou nationale.

2
Détail de la mosaïque de la gare de Lens (Labouret, 1926) glorifiant le travail des mineurs de fond de la région. (Photo Wieser)
3
Détail de la fresque de la gare de Bienne en Suisse : l'exaltation de la famille. (Photo Bouchart, CCI)
5
Détail de la frise en « azulejos » de la gare de Porto, Portugal, commémorant des hauts faits de guerre; image de la Patrie qui se doit d'être présente. (Photo Evrard et Bastin)
6
Détail des « azulejos » de la gare de Porto : les vertus de la Religion. (Photo Evrard et Bastin)

Mais la gare en dépit de son ordre apparent est aussi un lieu de convergence de marginaux, voyageurs ou non. Mythes et réalités se côtoient et se confondent parfois, au travers des figures qui ont inspiré la littérature et le cinéma.

7
Gare de Bombay Central : porteurs couchés sur les quais. (Photo F. Coulon, Atlas Photo)
8
« La gare de Milan », tableau de E. Chambon, 1952. (Coll. particulière)

L'organisation des gares se constitue sur le modèle militaire. Les références à l'ordre et à la discipline abondent, visant aussi bien les cheminots que les usagers de cet espace.

9
Portrait du Directeur des chemins de fer néerlandais; tableau de J.H. Moesman, 1943, Musée d'Utrecht. Pose austère, horaires à la main sur fond de gare d'Utrecht pour ce symbole de l'autorité. (Photo SMU)
10
Figurines de cheminots britanniques, 1860-1890; uniformes inspirés des traditions militaires. (Photo NRM)

1

2

3

4

7

5

8

6

9

10

Dès ses origines, et jusqu'aux années 1930 environ, la gare a souvent été l'objet d'une mise en scène élaborée dans l'espace de la ville et d'une théâtralisation de ses grands espaces publics. Les réalisations récentes sont, en comparaison, souvent d'une accablante pauvreté et témoignent d'une grave perte d'identité de la gare par rapport à son contexte social et urbain.

1
« L'arrivée du premier train à la gare de Bâle », E. Kirchner, huile sur toile, 1884. (Coll. et photo Musée historique de la ville de Bâle)
2
« Le plaisir et sa... », Jacques Monory, huile sur toile, 1976. Le spectacle du grand escalier monumental édifié devant la gare Saint-Charles à Marseille. (Coll. et photo Galerie Maeght, Paris)
3
Projet de hall de gare non identifié, 1883, signé Driver. (Photo NRM)
4
Illustration d'un jeu de construction qui, pour simplifier le rôle de l'enfant, réduit la gare à deux façades décoratives. (Coll. C. Wijdooge, Heemstede, photo AMA)
5
Les arrières de la nouvelle gare Montparnasse à Paris : un fidèle reflet de l'évolution internationale de l'architecture et de l'urbanisme des années 60 où prévaut l'image de la recherche de rentabilité foncière et immobilière. (Photo SNCF)

1

2

3

4

5

En tant que lieu public, l'ornementation des gares a été considérée durant un siècle comme une évidence première, comme une nécessité sociale et culturelle. Elle a parfois donné lieu à des envols lyriques qui maintenant font souvent sourire ou ricaner tant on nous a habitués depuis les années 1930 à une austérité architecturale reniant toute ornementation et toute référence à un système de signes ou de symboles connus.

1
Gare mortuaire édifiée en 1868 à Rookwood, Pays de Galles, démontée et reconstruite en 1958 à Canberra, Australie. Au fronton de la gare, les « Anges de la Renommée » accueillent l'arrivée des passagers du dernier voyage. (Photo RIBA)
2 et 5
Ensemble et détail de la fresque de la gare de Bruges, Belgique, exaltant les hauts faits de l'histoire de la cité médiévale. (Photos Bouchart, CCI)
3
Hall des départs de la gare de Lyon à Paris. Sur le mur du fond (maintenant en partie caché par de nouveaux guichets) se déploie une immense fresque représentant sans discontinuité les divers paysages traversés par la ligne du PLM, de Paris à Marseille. (Photo Bouchart, CCI)
4
« La ronde des âges », fresque peinte dans la salle d'attente de la gare de Bienne en Suisse. (Photo Bouchart, CCI)
6
Détail de l'ornementation des colonnes de la première gare de Florence, Italie. (Photo RIBA)

1

2

6

MILA

THE MOST POPULAR RENDEZVOUS IN THE CITY
GREAT EASTERN HOTEL
LIVERPOOL ST STATION, LONDON, E.C.2
PART OF THE L·N·E·R HOTELS SERVICE
FOR PARTICULARS OF TARIFFS APPLY RESIDENT MANAGER
7

BILLETS GRANDES LIGNES
3

4

6

5

En même temps qu'elle classe et répartit les individus, la gare constitue, dès ses débuts, un espace où se juxtaposent et se brassent toutes les classes sociales. Cependant, l'image qu'en donnent les compagnies privilégie la clientèle bourgeoise. L'image contemporaine prolonge, en la transformant, cette conception élitiste à travers l'image du cadre à l'attaché-case usager du Trans-Europ-Express.

1 et 4
Vitrages décorés de la gare Saint-Lazare, à Paris représentant les sites desservis par le réseau : de la banlieue industrielle avec son paysage d'usines — Clichy — au petit port de villégiature : Les Sables-d'Olonne. (Photos CCI et SNCF)
2
Document publicitaire de la SNCF. (Photo Doisneau)
3
« Gare de chemin de fer », vers 1850. Toile de J. Munk. (Musée des Postes, Francfort; photo Charmet, Atlas Photo)
5
Affiche par Derovet-Lesacq, 1939. Le prolétaire à l'assaut des plages après la conquête des congés payés. (Photo Charmet, Atlas Photo)
6
« Lady waiting at the station », toile de Jacques Tissot, 1874. (Dunedin Art Gallery, Nouvelle-Zélande; photo NRM)
7
Affiche britannique de 1920 pour l'hôtel de la gare de Liverpool Street à Londres édifié en 1884. (Photo NRM)
8
Aquarelle de mode, 1925. (Photo Charmet, Atlas Photo)
9
Document publicitaire de la SNCF. (Photo Dewolf)
10
Document publicitaire de la SNCF pour le TEE, 1954. (Photo Lafontant, SNCF)

1

2

Alors qu'elle a presque disparu de nos paysages occidentaux, la gare rurale qui faisait le lien entre la campagne et la ville, avec son animation des jours de foire, reste, avec ses foules de paysans et ses ambiances de marchés, caractéristique du Tiers-monde.

« Derrière le coin de la gare [...] les paysannes s'étaient rangées en files, avec leur caillebotte, leur bœuf bouilli, leurs talmouses de seigle... Le train s'arrêtait, les voyageurs arrivaient. Le public s'en mêlait. Le commerce allait bon train ».
B. Pasternak, *Le Docteur Jivago*, 1957.

1
Gare rurale de Richmond Station, Grande-Bretagne. Edifiée en 1846 par l'architecte G.T. Andrews, elle a été récemment reconvertie en « garden center ». (Photo NRM)
2
Gare en Afrique. (Photo Bouchart)
3
Gare en Inde. (Photo Sée)

Une pratique de la gare dans ce qu'elle a de plus banal et quotidien : les fameuses navettes de banlieusards entre lieu de travail et lieu de résidence. La gare Saint-Lazare à Paris, accueille 115 millions de voyageurs par an dont 95 % sont des voyageurs de banlieue : l'importance de son trafic en fait la première gare de banlieue d'Europe.

4
« A la gare Saint-Lazare », tableau de J. Enders, 1900. (Musée d'Art Moderne de la Ville de Paris; photo Bulloz)
5 et 6
Gare Saint-Lazare. (Photos Bouchart, CCI et SNCF)
7
Motif d'une céramique à la gare de Pato, Portugal. Variante poétique de l'emprise du temps. (Photo Evrard et Bastin)
8 et 9
Gares de la banlieue parisienne. (Photos SNCF)

«- Il y a les Bulgares du Nord
les Bulgares de l'Est
et les Bulgares de l'Ouest
dits aussi Bulgares Saint-Lazare. »
Alphonse Allais

1

2

3

4

5

6

7

8

9

« La conquête du monde, des distances, des espaces, des temps », tels sont pour Lamartine les enjeux du ferroviaire en 1838. Voilà les rails porteurs de cette foi dans la Science et le Progrès qui s'épanouit dans la deuxième moitié du XIXe siècle. Points de départ et d'arrivée, mais aussi lieux de rencontre, les gares sont investies des messages ornementaux de cet optimisme qui veulent aussi renforcer le pouvoir de séduction des voyages. Ces messages sont restés dans l'imaginaire mais ils ont perdu leur sens initial. Il en va de même du fabuleux et de la magie du voyage. La mythologie qui alimenta longtemps écrivains et cinéastes n'est plus guère qu'un souvenir. Finis les « trains de plaisir » populaires qui stimulaient la verve des humoristes, finis les « grands express européens », les « sleepings » et les « pullmans » somptueux peuplés de diplomates et d'aventuriers. Leur ont succédé les « Trans-Europ-Express » et autres trains d'affaires, les trains bondés des vacances et des périodes de pointe. Sans que, pour autant, le rêve initial ait disparu de nos mémoires...

« Ce qu'il y a de plus beau dans les voyages ce sont les affiches des compagnies de chemin de fer dans les gares, et les villes lointaines ne sont vraiment désirables que sur les plaques de tôles accrochées au flanc des wagons. »
Paul Morand, 1976.

1
Buffet de la gare de Kazan à Moscou. (Photo Garanger, Sipa-Press)
2
« Le train des maris », anonyme. (Photo Atlas Photo)
3
« Le train du dimanche », Detti, 1884. (Musée Carnavalet; photo Bulloz)
4
Gare de sports d'hiver. (Photo VDR)
5
Affiche britannique. Installés aux abord immédiats des petites gares rurales britanniques, des wagons désaffectés, des « camping coaches » étaient spécialement aménagés avec huit lits, une salle à manger et une cuisine. Ils étaient loués aux familles pour la durée des vacances. Cette pratique, apparue dans les années 30, a progressivement disparu après la guerre. (Photo NRM)

1

2

4

C. Detti
3

CAMPING
CAMPING COACHES
IN
ENGLAND and SCOTLAND
ACCOMMODATION FOR 6 PERSONS
RENT £3 PER WEEK
Ask for details at any L·N·E·R Station or Office
5

En tant que haut lieu de la modernité, de la technologie, la gare a longtemps eu une vocation pédagogique par le biais des jeux et des planches à l'usage des écoliers.

1
Planche pédagogique Delmas, France. (Photo Planchet, CCI)

2
Planche pédagogique hollandaise. (Photo SMU)

3
Boîte de jeu « Le petit chef de gare ». (Musée du jouet de Poissy, France; photo Planchet, CCI)

Dépassant son rôle strictement utilitaire lié au transport, la gare devient vite un espace social d'un puissant pouvoir d'attraction sur des multitudes d'usagers qui y trouvent réponse à des aspirations mondaines, culturelles ou ludiques.

4
« The London and Birmingham Railway », Primrose Hill, Chalk Farm; gravure de A.F. Edington, 1837-1838. Au début des chemins de fer, la gare est investie comme lieu de promenade élégante des bourgeois, comme lieu d'un nouveau spectacle technologique où il faut se montrer.

5
« Royal Station Hotel » : affiche publicitaire britannique; l'hôtel de la Gare devient un salon de mondanités. (Photo NRM)

6
Fête de la vapeur à la gare de Shildon le 31 août 1975 lors de la célébration du 150e anniversaire de la ligne Stockton-Darlington, Grande-Bretagne. (Photo VDR)

7
A la gare Montparnasse, à Paris, un ballet organisé dans le cadre d'un nouveau genre de campagne culturelle d'animation des lieux publics, Noël 1977. (Photo Y. Patrice)

1

2

3

Pages suivantes :
« The railway station », huile sur toile, W.P. Frith, 1863. Une des toiles les plus fameuses de la peinture anglaise du XIXe siècle; elle représente la gare de Paddington à Londres édifiée par I.K. Brunel et M.D. Wyatt. (Royal Holloway College, Londres; photo Picturepoint)

4

5

6

7

Dès ses origines, la gare apparaît comme un lieu de confrontation abrupte entre les pratiques et les idéologies des architectes et des ingénieurs. Les premiers se réfèrent souvent, pour construire le bâtiment des voyageurs, aux styles révolus du passé, tandis que les autres, pour lancer des halles de plus en plus vastes au-dessus des quais, cherchent à exploiter toutes les ressources technologiques des matériaux disponibles : le bois, puis le fer, la fonte, l'acier et le béton. De ces recherches, il résultera la définition d'un nouveau vocabulaire de formes, de structures et d'espaces dont la combinaison donnera lieu à des réalisations d'une remarquable qualité et d'une audace sans précédent. Les architectes tenteront progressivement d'assimiler cette nouvelle éthique de l'acte de bâtir en renonçant aux pastiches et en exaltant la vérité fonctionnelle de la gare.

1
Coupe transversale de la gare de La Rochelle, France 1910-1923, Pierre Esquié architecte. (Photo Planchet, CCI)
2
La grande charpente courbe de la gare de York, Grande-Bretagne, 1871-1877. Thomas Prosser, Benjamin Burleigh et William Peachey, architectes et ingénieurs. (Photo NRM)
3
Élévation de la charpente de la gare néo-gothique de Bruges, Belgique. (Photo AAM)
4
Halle de la gare de Cologne, Allemagne Fédérale, 1889-1894. (Photo VDR)
5
Coupe axonométrique de la charpente de la gare de Lille, France, 1889. (Photo AAM)
6
Halle métallique de la gare de Charing Cross à Londres, 1862-1864, sir John Hawkshaw, architecte et ingénieur. (Photo NRM)
7
Façade de la gare du Havre, France, 1880, Lisch architecte. (Photo Planchet, CCI)
8
Structure en béton de la halle de la gare de Reims, France, 1930-1934. (Photo Bouchart, CCI)
9
Charpente en bois pour les premières gares de la ligne Londres-Brighton, 1840, David Moccata architecte. (Photo RIBA)

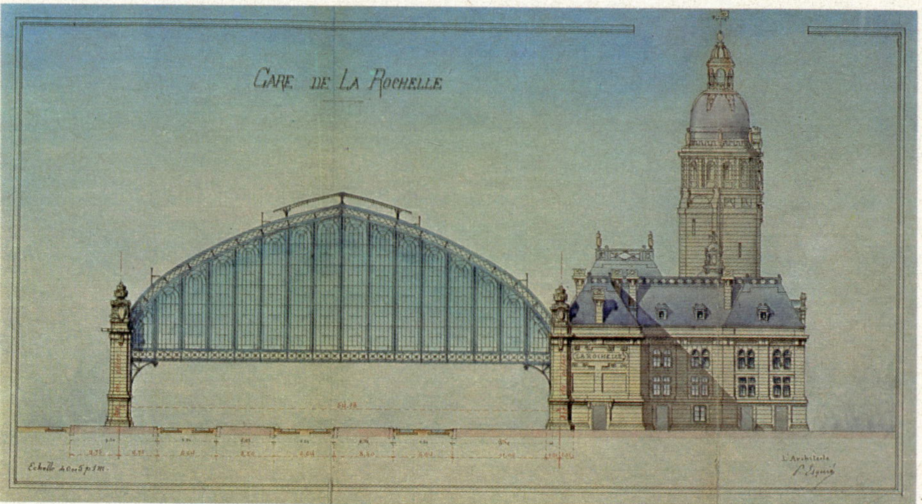

1

2

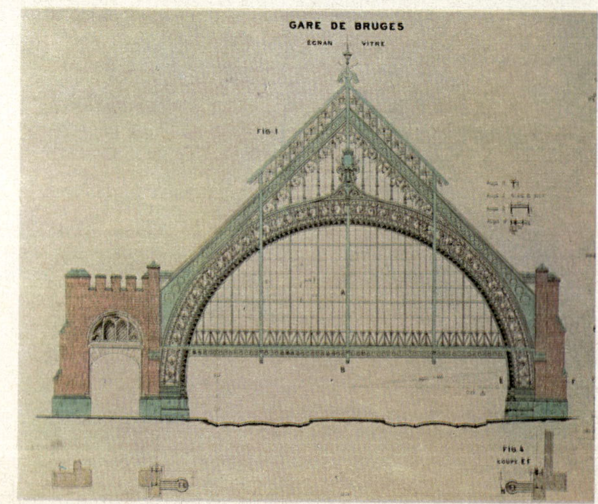

3

4

7

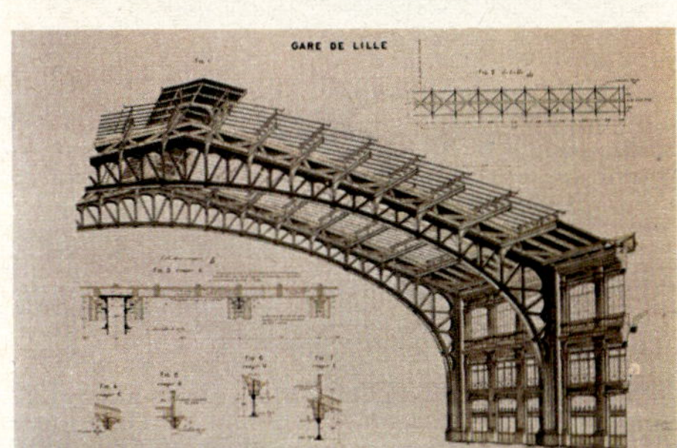

5

8

9

6

Peu démarqués à leur origine des autres constructions industrielles, les bâtiments des gares illustreront au cours du XIXe siècle les grandes tendances de l'évolution architecturale par un premier recours à des styles historiques départagés selon des traditions nationales, pour aboutir vers les années 1880 à un éclectisme généralisé. Durant la première décennie du XXe siècle se manifestera un nouveau courant né du besoin impérieux d'affirmer un caractère local spécifique en faisant appel à des styles régionaux.

1
Gare de Copenhague, 1847. (Photo DSB)
2 et 3
Gare de King's Cross à Londres, 1851-1852 Lewis Cubitt, architecte. (Photo NRM)
Gare de l'Est à Paris, 1847-1852; François Duquesney, architecte. Premiers exemples de gares dont le bâtiment exprime en façade, par une ou deux baies, la structure de la halle métallique semi-circulaire construite à l'arrière-plan. (Photo Planchet CCI)
4
Gare centrale d'Amsterdam, 1881-1889; P.J.H. Cuypers, architecte. (Photo AMA)
5
Gare de Temple Meads à Bristol, Grande-Bretagne, 1865, sir Matthew Wyatt, architecte. (Photo NRM)
6
Gare de Léningrad, URSS, 1885. (Photo Garanger, Sipa-Press)
7
Gare de Tolède, Espagne, 1865; Don José de Salamanca, constructeur. (Photo Renfe)
8
Concours pour la gare de Milan, 1912; projet d'Ulisse Stacchini, architecte. La gare sera construite par le même architecte entre 1923 et 1931 selon un parti différent. (Photo FS)
9
Gare de Saint-Gall, Suisse, 1908-1913; Alexandre de Senger, architecte. (Photo Bouchart, CCI)
10
Projet pour la gare de Jörn, Suède. (Photo SJ)

1

2

3

4

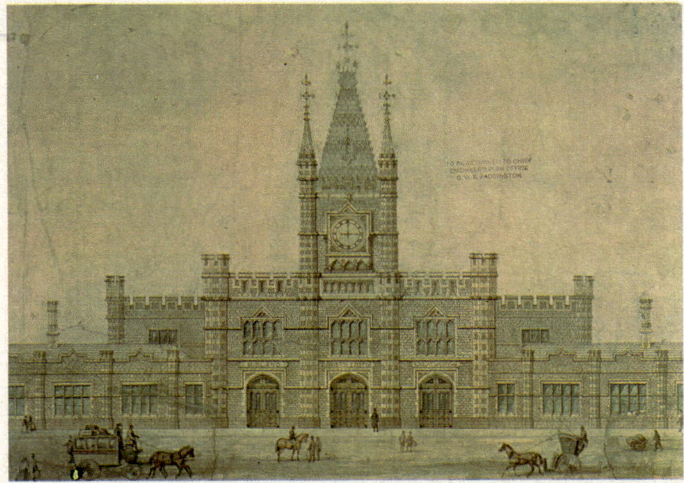
5

8

6

9

7

10

Jusqu'à la Première Guerre mondiale — et même au-delà — persistera un style désormais académique issu des recherches de l'École des Beaux-Arts, au tournant du siècle. Une nouveauté apparaît cependant dans l'aspect extérieur de la gare avec la mise en valeur d'une tour de l'horloge qui se détachera de plus en plus du bâtiment. Les futuristes apportent, à la veille de la guerre, un contraste surprenant avec leurs projets de gares intégrées dans des méga-structures glorifiant le mouvement, l'éphémère et la société machiniste.

1
Concours pour la gare de Francfort, Allemagne, 1880; projet de Von Thiersch, architecte. (Photo Technische Universität Berlin)
2
Projet de concours pour la gare de Lausanne, Suisse, 1908. (Photo CFF)
3
Gare de La Rochelle, France, 1910-1923; Pierre Esquié, architecte. (Doc. SNCF, photo CCI)
4
Gare des Bénédictins à Limoges, France, 1925-1929; Gonthier, architecte. (Photo Bouchart, CCI)
5
« Projet pour une gare d'aéroplanes et de trains avec funiculaire », 1914; Antonio Sant'Elia, architecte. (Doc. Museo Garibaldi, Côme; photo Ville de Milan)
6
« Étude pour une gare », 1913; Antonio Sant'Elia, architecte. (Doc. Museo Garibaldi, Côme; photo Ville de Milan)
7
« Structure d'un espace ferroviaire », 1919; étude de Virgilio Marchi, architecte. (Doc. Museo dell'attore, Gênes; photo Ville de Milan)
8
La gare badoise à Bâle, 1913; Karl Moser, architecte. (Photo Bouchart, CCI)

1

2

3

4

5

7

6

8

Après quelques tentatives liées aux mouvements « Art Nouveau » et expressionniste, on assistera durant les années 20-30 à des efforts importants pour renouveler l'image de la gare avec le courant « Art Déco » ou les recherches françaises, parfois tournées vers le régionalisme.
Mais le fonctionnalisme qui avait déjà fait son apparation à cette époque va connaître un plein essor après la Deuxième Guerre; devenu rapidement l'unique système de références dans le monde entier, il contribuera à priver la gare de son identité formelle.

1
Concours pour la façade de la gare de Karlsruhe, Allemagne; projet de Rudolf Bitsan, architecte, 1904. (Photo AAM)
2
Projet pour la nouvelle gare de Euston à Londres, 1939. (Photo NRM)
3
Projet pour une gare centrale en Belgique, 1932; Renaet Braem, architecte. (Photo AAM)
4
Projet pour la gare de Piccadilly à Manchester, 1965. Étude réalisée par un groupe d'architectes du British Rail sous la direction de W.R. Hedley et R.L. Moorcroft. (Photo NRM)
5
Gare de Senlis, France, 1922; G. Umbdenstock, architecte. (Photo Bouchart, CCI)
6
Étude pour une gare, 1922, par R. Mallet-Stevens, architecte. (Photo AAM)
7
Gare de Noyon, 1927-1929; architectes de la Compagnie du chemin de fer du Nord, d'après les plans d'Urbain Cassan. (Photo Bouchart, CCI)
8
Gare de Vanves-Malakoff, région parisienne, 1936; Jean-Philippot, architecte. (Photo Bouchart, CCI)
9
Gare Montparnasse à Paris, 1962-1969; Baudoin, Cassan, de Marien, Lopez, Saubot, architectes. (Photo Denimal, SNCF)
10
Gare de banlieue parisienne. (Photo Bouchart, CCI)
11
Gare de Grigny-Centre, région parisienne, 1974. (Photo Bouchart, CCI)

1

2

3

4

5

6

7

SERNAM
8

SNCF
Gare Montparnasse
SNCF
9

SNCF
10

SNCF
Grigny-centre
11

Dès les années 1920-30, mais principalement après la Deuxième Guerre mondiale, l'organisation du système ferroviaire va être largement affectée par le dépeuplement des campagnes et par l'émergence de modes de transport concurrents : la gare triomphaliste et monumentale fait place à une architecture ferroviaire dont la neutralité va progressivement se noyer dans l'anonymat de la ville. Cette profonde mutation s'exprime dans notre environnement par la démolition de certains bâtiments de voyageurs parmi les plus prestigieux, les plus symboliques de la grandeur du système ferroviaire et par la fermeture de nombreuses lignes et gares rurales.

1 et 2
Les thermes de Caracalla, qui étaient dans la Rome antique un des lieux publics les plus fastueux, ont servi de modèle en 1906 pour la conception du grand hall de la gare de Pennsylvania à New York. Malgré sa splendeur et sa renommée, elle a été démolie en 1963, en dépit de l'opposition du public à ce projet, pour faire place à une opération immobilière. (Photos CCI et Mac Grath)

3, 4 et 6
Les Britanniques sont réputés pour leurs actions de pionniers en matière d'archéologie industrielle; des exceptions notoires dans le domaine ferroviaire confirment cette règle. Ici une des plus anciennes gares du monde, Edge Hill à Liverpool, dans son état actuel de délabrement qui contraste singulièrement avec la splendeur du lieu dont témoignent les gravures anciennes. Cette gare, conçue par le célèbre ingénieur George Stephenson, a été ouverte le 15 septembre 1830. (Photos Bouchart, CCI et NRM).

5
Dans les campagnes, si les architectures des gares n'ont pas toujours été démolies ce sont souvent les voies qui ont été déposées. Ici la gare de Pierrefonds, France, bâtie en 1883 et inscrite à l'inventaire supplémentaire des Monuments historiques en 1977. (Photo Bouchart, CCI)

7
Au cœur même de Paris, un patrimoine ferroviaire à l'abandon : la gare de Boulainvilliers. (Photo Bouchart, CCI)

8
Un exemple parmi tant d'autres dans les pays industrialisés : dans une petite ville, une gare abandonnée envahie de végétation. Ici la gare de Tynemouth édifiée en 1882. (Photo Bouchart, CCI)

1

2

3

6

4

7

5

8

Les années 1970 constituent une période de transition : l'architecture des gares anciennes est encore malencontreusement défigurée par des modernisations brutales mais elle commence, aussi bien dans le Tiers-monde qu'en Europe, à être l'objet de soins attentifs pour préserver son caractère et sa cohérence.

1
Exemple de petite gare française dont l'architecture a été récemment défigurée par des aménagements agressifs pour l'œil. (Photo Bouchart, CCI)

2
Alors que la façade de la gare du Nord à Paris était en cours de classement comme « monument historique », ce parking lui était accolé de la façon la plus brutale qui soit. (Photo Diot, SNCF)

3
Le contraste visuel entre le modernisme du matériel roulant et le caractère désormais historique des gares anciennes est très stimulant. Plutôt que de tenter de neutraliser ces différences par des modernisations dérisoires des bâtiments, il faut chercher à exalter ces particularismes complémentaires. (Photo Planchet CCI)

4
La gare de Hendaye-Plage, France : un exemple de parfait entretien du patrimoine immobilier ferroviaire. (Photo Bouchard, CCI)

5 et 7
Gares de Malaisie et de Thaïlande : Kuala Lumpur, à droite et Hua Hin, à gauche. Les gares rurales ou urbaines du Tiers-monde sont souvent, comme ici, l'objet d'une protection attentive qui contraste avec la négligence fréquemment observée en Occident vis-à-vis du patrimoine historique. (Photos F. Huguier)

6
Gare de Port-Erin, île de Man, Grande-Bretagne, 1903, Joseph Mc. Ard archictecte. Un exemple heureux de polychromie qui restitue à la gare toute la verve de sa jeunesse. (Photo J. Coiley)

8
La démolition de la gare historique de Zurich était programmée depuis de nombreuses années pour faire place à une énorme opération immobilière. On ne doit la sauvegarde de la gare (et, en conséquence, du centre urbain) qu'à un engouement subit de l'opinion pour l'architecture du XIXe siècle. Ici, le chantier de restauration de la gare en 1978. (Photo Bouchart, CCI)

1

2

3

4

5

6

7

8

**Très rares sont les gares récentes où s'expriment encore, comme ici, une recherche de qualité architecturale et plastique propre à ce lieu public.
De plus en plus fréquentes sont les gares anciennes désaffectées qui se prêteraient bien à des opérations de reconversion du bâtiment permettant, avec de l'imagination, d'y accueillir de nouvelles activités d'intérêt public.**

1
Grand hall de la gare d'Evry-Courcouronnes au cœur d'une ville nouvelle de la région parisienne. Un des plus récents exemples d'architecture ferroviaire française où s'exprime une volonté de créer un événement architectural et un véritable espace public. Bernard Hamburger, architecte. (Photo Mazda)
2, 3 et 4
Ces stations du métro de Stockholm constituent un des très rares exemples récents d'architecture ferroviaire où les concepteurs ont dépassé les limites jusqu'ici sacro-saintes du fonctionnalisme pour accorder une réelle importance à la création d'un environnement poétique et imaginaire constellé de références stimulantes à l'histoire et à... l'architecture des grottes. (Photos Storstockholms Lokaltrafik)
5 et 6
Deux exemples, parmi tant d'autres, de gares britanniques désaffectées en attente d'une réutilisation imaginative de leurs bâtiments et de leurs structures. En haut, la gare de Windsor et Eton, 1897. En bas, la Gare centrale de Manchester, 1880, sir John Fowler, architecte. (Photo Bouchart, CCI)
7 et 11
Les gares de tête de la ligne du « Chemin de fer de Provence » à Nice et à Digne, France. Un exemple de desserte ferroviaire menacée de disparition qui appelle une opération combinée de recyclage et de re-vitalisation. (Photos Bouchart, CCI)
8
Au cœur de Nice, la gare SNCF a par contre fait l'objet d'une minutieuse restauration de ses façades. (Photo Bouchart, CCI)
9
Projet de reconversion de la gare géante de Cincinnati (USA) en centre universitaire; Hardy, architecte. (Photo Hardy)
10
Gare de la porte Dauphine à Paris, partiellement reconvertie en restaurant. (Photo Bouchart, CCI)

1

2

3

4

5

9

6

10

7

11

8

La gare a souvent su accueillir sur ses murs ou susciter dans l'imagination du public des expressions très diverses de l'art populaire.

1 et 2
Au Portugal de nombreuses gares urbaines et rurales (ici Vilar Formoso et Caldas da Rainha) sont abondamment ornementées de décors en céramique, dits « azulejos », glorifiant les traditions populaires des diverses villes ou régions du pays. (Photos Evrard et Bastin)

3
Décor de gare en céramique sur la devanture d'un café de la région parisienne. (Photo Bouchart, CCI)

4
Assiettes en faïence avec représentation de gares anciennes et récentes; en haut, Willemspoort à Amsterdam, 1843, en bas, Eindhoven, 1956. (Photos SMU)

5, 6 et 7
Gares jouets de fabrication allemande. (Photos Bouchart, CCI)

1

2

3

4

1947-1956
SPOORWEGWERKEN EINDHOVEN
OPENING STATIONSGEBOUW
10 AUGUSTUS 1956
N S

Central-Bahnhof
Telegraph
Wartesaal

5

ZEITUNGEN
OHO

6

7

La gare a éveillé dans l'art populaire une sensibilité qui a donné lieu à une grande diversité d'imageries : elles vont progressivement la stéréotyper en un lieu légendaire et fabuleux.

1
Imagerie Pellerin, Épinal, France : au début des chemins de fer, les citadins émerveillés venaient assister au spectacle de la gare. (Photo Planchet, CCI)
2
Maquette en cuivre d'un portique de signaux de la gare de Swindon, œuvre d'un cheminot britannique. (Musée ferroviaire de Swindon, photo NRM)
3
Bannière syndicale de l'Union nationale des cheminots britanniques : le combat épique entre le loup capitaliste et le prolétariat. (Photo Snarck)
4
« Confidences d'un chef de gare », Dominique Appia, gouache, 1970. (Photo A. Rey)
5
Détail d'une des nombreuses planches éditées par les Imageries Pellerin d'Épinal sur le thème des gares : à découper et à coller pour en réaliser les maquettes. (Photo Planchet, CCI)
6
Gravure sur bois allemande vers 1840 : les gares et les convois entre les villes de Fürth et de Nuremberg. (Photo SMU)
7
Pot à lait en faïence avec représentation d'une des premières gares britanniques, celle de Egde Hill édifiée par George Stephenson. (Photo NRM)

1

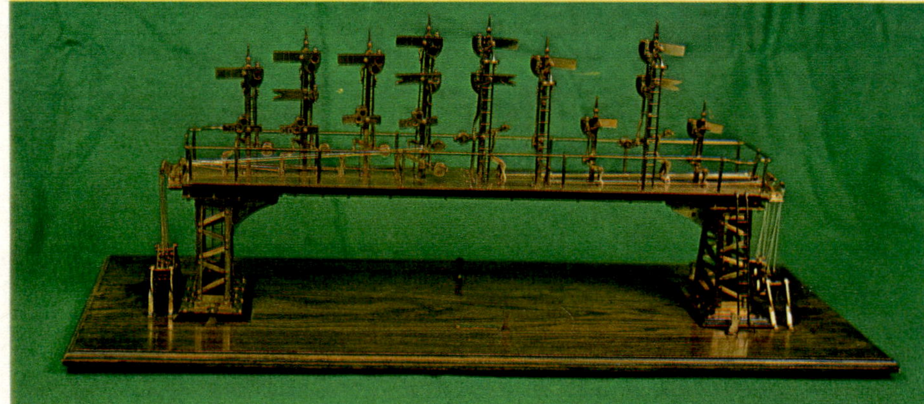
2

3

Page suivante :
Vue nocturne de la gare de Metz, France. (Photo Bouchart, CCI)

4

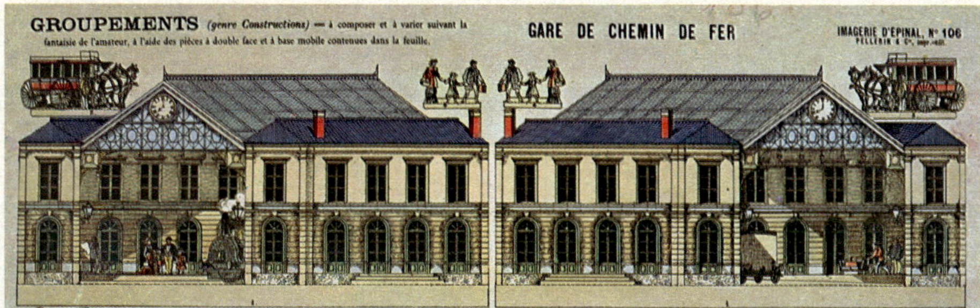
GROUPEMENTS (genre Constructions) — à composer et à varier suivant la fantaisie de l'amateur, à l'aide des pièces à double face et à base mobile contenues dans la feuille.
GARE DE CHEMIN DE FER
IMAGERIE D'EPINAL, N° 106
PELLERIN & Cie, impr.-édit.

5

7

ANSICHT EISENBAHN FURTH NURNBERG

6

LA GARE: DECOR ET DECORUM

Contrairement aux gares récentes, qui se veulent par leur nudité le produit exemplaire d'un fonctionnalisme, hélas mal assimilé, les gares anciennes furent conçues, à l'exemple d'autres bâtiments publics, comme des lieux de rencontre, de sociabilité et de représentation. Une mise en scène très élaborée de leurs divers espaces, alliée au rituel du départ ou de l'arrivée, aboutissait à une véritable théâtralisation, propice à l'expression d'une vocation communautaire. La gare devient alors le symbole d'une volonté civique de l'architecture.

Parce qu'elle brassait en son sein des masses considérables d'individus de toutes provenances et de toutes classes sociales, la gare aurait pu devenir comme le souhaitaient Monet et Courbet en France, Jules Destrée en Belgique, le lieu idéal pour populariser un art nouveau, en offrant aux artistes par l'immensité de ses murs, un théâtre d'opérations d'une ampleur sans précédent. Mais les compagnies, l'État, ont préféré confier à des artistes académiques, ayant déjà fait leurs preuves dans la peinture décorative, la mission de couvrir les gares de fresques et de sculptures apologétiques ou édifiantes. Ainsi se déploie un code ornemental analogue à celui des autres lieux publics, mais qui trouve ses sources d'inspiration dans la Compagnie, le progrès, les destinations de la ligne, sorte d'hymne idyllique à la gloire de l'unification du territoire.
Pourtant, dès les années trente, avec la concurrence des transports routiers et aériens (et avec l'émergence simultanée de l'architecture de style international) cette grandiloquence triomphaliste n'a plus de raison d'être et la gare va rapidement se réduire à un espace neutre qui ne parle plus à nos sens ni à notre imagination. Le vide aseptisé qui en résulte est investi par un nouveau code de signes : la publicité commerciale va exploiter la présence des multitudes dans les gares.
Anciennement conçue avec lyrisme comme un espace de convivialité, la gare se rétrécit progressivement à un lieu fonctionnellement programmé pour la consommation.

Pour glorifier le spectacle de la modernité technologique que représente le chemin de fer, la gare devient une mise en scène élaborée avec le plus grand soin pour le public : traitement des façades de gares qui semblent issues d'un décor de théâtre; organisation majestueuse de l'espace dans les « salles des pas perdus » dont l'ampleur et la maîtrise des effets scéniques ou lumineux confèrent au lieu un souffle d'une grandeur épique. Les inaugurations de gares sont, aussi bien à la ville qu'à la campagne, le prétexte d'installations temporaires où se déploie le faste d'une mise en scène d'opéra... ou d'opérette.

« *O miracle !*
Quel spectacle
Vient s'offrir à nos yeux !
Quel prodige
Sur ces lieux
Exerce son prestige ?
Quel pouvoir
Fait mouvoir
Cette machine immense ?
Quel esprit
Pousse et lance
Ce monde et le conduit ? »

Cantate composée par M. Neumann et chantée le 4 octobre 1859 lors de l'arrivée solennelle du premier train en gare de Luxembourg.

1

2

1
Cérémonie officielle d'inauguration d'une des premières gares italiennes : un faste théâtral pour accueillir dans la ville le progrès technologique représenté par le chemin de fer. (Photo P. Saporito)

2
Inauguration de la gare Hofors, Suède, en 1858; pour célébrer le désenclavement des campagnes grâce au chemin de fer, les paysans ont métamorphosé les sapins de la forêt en une architecture baroque qui, face à la gare, théâtralise le lieu ferroviaire. (Photo Musée des Chemins de fer suédois)

3
Le hall de la gare de Grand Central à New York. Une théâtralisation de l'espace public qui va jusqu'à transposer littéralement dans la gare les effets visuels et lumineux les plus spectaculaires de la scène. (Photo New York Central Railroad)

4
Façade de la gare de Barreiro, Portugal. (Photo Chemins de fer Portugais)

5
Projet de façade pour la gare proposée au cœur de Paris sur la place de la Madeleine par la Compagnie du chemin de fer de Saint-Germain. (Photo CCI)

Dans les gares à peine crépies, sur des estrades, des évêques mitrés, étincelant dans le soleil comme des insectes à élytres bénissent les trains; les musiques militaires, assises dans des bosquets de palmiers verts, jouent les airs impériaux. Les poètes chantent les machines. »
Paul Nizan, *in : Antoine Bloyé,* 1933.

3

4

5

En tant que pivot d'un système ferroviaire qui a procuré à la société industrielle un des éléments de base de son développement — un nouveau rapport « espace-temps » très efficient — la gare va clamer cet avènement avec tous les fastes de l'architecture, avec une générosité remarquable d'espaces offerts au public. La gare devient un nouveau forum.

1
Le grand hall de la gare du Nord à Vienne, Autriche; 1865. (Photo CCI)
2
Le grand hall de la gare centrale de Milan, 1920-1930; Ulisse Stacchini, architecte. (Photo FS)
3
Le grand hall de la gare Unhalter à Berlin, 1881. (Photo CCI)
4
La salle des pas perdus de la gare de Pennsylvanie à New York, 1906-1910; Mc Kim, Mead et White, architectes. (Photo CCI)

2

3

4

Si l'ornementation des gares semble quelquefois célébrer l'amitié entre les peuples que devait — selon ses premiers promoteurs — susciter le chemin de fer, il apparaît plus souvent qu'elle ait une vocation à exalter les sentiments nationalistes, à accréditer les notions de progrès technologique ou de conquête coloniale, à commémorer les conflits guerriers des temps modernes. La gare est un grand livre d'images édifiantes.

1
Le portique central d'entrée de la gare d'Helsinki ponctué de quatre géants de granit rose porteurs des lumières de la nuit. 1904-1914; Eliel Saarinen, architecte. (Photo Roos, Musée finlandais d'Architecture)
2
Sculpture érigée au sommet du portique principal de la gare centrale de Zurich. (Photo Giegel, ONST)
3
Sculpture au fronton de la gare d'Amstel dans la banlieue d'Amsterdam, 1939; M.J.G. Shelling, architecte. (Photo AMA)
4
Détail d'un chapiteau de la gare de Metz-ville, France. 1905-1908; Kröger, architecte. La célébration de l'amitié entre les peuples. (Photo Planchet, CCI)
5
Sculpture au fronton de l'aile droite de la gare de l'Est à Paris (édifiée après la première guerre mondiale) où s'exhibe le pieux souvenir de la bataille de Verdun; c'est dans cette gare de la capitale que les soldats s'embarquaient pour le front. (Photo J. Javaux)

1

2

3

4

5

No6171 PENNA R.R. STATION
COPYRIGHT 1911 BY
GEO. P. HALL & SON NEW YORK
EXIT
EXIT

LA GARE: TEMPLE DE LA TECHNOLOGIE

D'innombrables auteurs au XIXe siècle qualifiaient la gare de « cathédrales des temps modernes », suprême hommage aux architectes ? Voire ! Analysons rapidement le malentendu que peut susciter et entretenir cette comparaison élogieuse. Emprisonnés le plus souvent dans des conventions académiques, les architectes ne font que copier, adapter, ou combiner les archétypes des siècles passés. Ce ne sont pas eux qui innovent dans les gares au point de susciter la comparaison avec les bâtisseurs de cathédrales. Au contraire, l'intervention des architectes tend, sauf exceptions rares, à camoufler la réalité fonctionnelle du nouvel instrument ferroviaire, à dissimuler à la vue du citadin la modernité industrielle du chemin de fer. Dans son traité d'architecture, Georges Tubeuf confirme que « les gares sont étudiées par les ingénieurs de la compagnie, l'architecte ne vient ensuite que pour la partie décorative ». Le prestige ancestral de l'architecte, ne fait plus illusion.

Un homme nouveau, l'ingénieur apparaît avec une éthique, une morale, un savoir-faire radicalement différents pour prendre en main la conception des systèmes et des espaces nouveaux qu'appelle la société industrielle. Il va lancer au-dessus des quais, pour protéger le voyageur des intempéries, des halles gigantesques dont la dimension physique et spirituelle sera la véritable source de la métaphore architecturale et religieuse : ces structures sont un véritable acte de foi dans les vertus prometteuses de la rationalité technologique et de la production industrielle, elles irradient l'espace d'une grandeur et d'une beauté sereine issues de la pureté des épreuves et de la maîtrise des extrêmes possibilités offertes par le bois, le fer, le verre, la fonte ou l'acier. La gare de l'ingénieur devient le lieu du dépassement, de la transgression des limites toujours repoussées, le lieu symbolique des promesses de la modernité.

Au XIXe siècle, la gare apparaît ainsi comme la scène d'une nouvelle confrontation épique entre Anciens et Modernes. Aussi longtemps que les architectes produiront pour les gares des édifices repliés sur le passé, face à eux, les ingénieurs exprimeront avec vigueur leur foi dans l'avenir technologique en lançant au-dessus des quais leurs halles comme autant de défis aux passéistes. Mais, dès le début du XXe siècle, quand les architectes auront renoncé aux pastiches historiques et assimilé l'éthique nouvelle de la rationalité et du fonctionnalisme, tout semble se passer comme si ce contrepoint de l'ingénieur n'était plus indispensable, puisque relayé par l'architecte.

Les grandes gares qui ont suscité les plus fortes polémiques en leur temps et qui scandent l'évolution de l'architecture ferroviaire vers un fonctionnalisme de plus en plus évident ne comportent plus du tout de grande halle conçue par l'ingénieur : Helsinki en 1910, Cincinnati en 1929, Florence en 1933, Rome-Termini en 1947 et, plus récemment, Paris-Montparnasse. Dans les gares modernes de ces métropoles et dans bien d'autres, on a seulement édifié sur les quais de modestes abris linéaires pour protéger les voyageurs des intempéries entre le bâtiment et le train. Si, malgré les exigences croissantes de confort de la part des voyageurs, ces installations sommaires et économes s'avèrent suffisantes, à quoi donc ont pu servir ces immenses charpentes des grandes gares anciennes ? N'auraient-elles été — au cœur même des villes, à la vue de tous — que le signe annonciateur et provocateur du triomphalisme de la technologie dans notre société ?

Ci-contre : le grand hall d'accès aux quais de la gare de Pennsylvanie à New York, 1906. (Photo Musée de la Ville de New York)

1
Charpente en bois de la halle de la gare Santa Maria Antonia à Florence, Italie, 1848. (Photo FS)
2
Charpente en bois de la halle de la première gare de Temple Meads à Bristol, Grande-Bretagne, 1840. (Photo NRM)
3
Charpente en bois de la gare centrale de Copenhague, Danemark, 1912. (Photo DSB)
4
Charpente métallique de la gare de Derby, Grande-Bretagne, 1841. (Photo NRM)
5
Charpente métallique de la première gare de Grand Central, New York, 1869-1871. (Photo Musée de la Ville de New York)
6
Charpente métallique de la gare de Barcelone-Termino, Espagne, 1924. Une des dernières grandes charpentes métalliques de gare construites en Europe. (Photo RENFE)

1

2

3

4

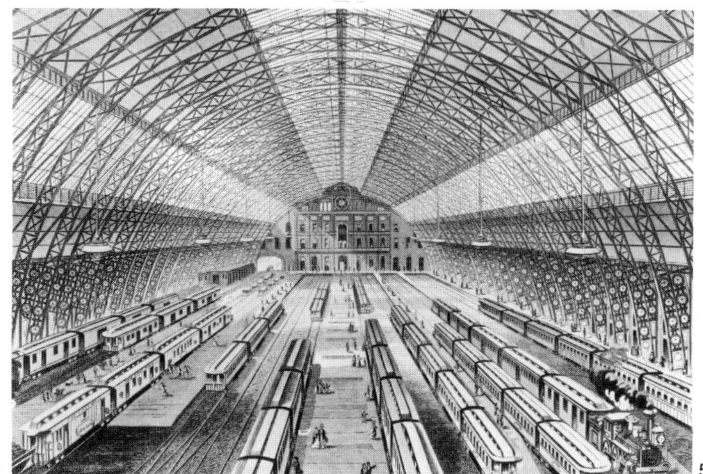

5

6

1
Charpente métallique de la gare de Lille, France, 1889. (Photo SNCF)
2-3
Extérieur et intérieur des ateliers ferroviaires à Bâton Rouge, Louisiane, États-Unis, 1958; Buckminster Fuller, ingénieur. La première coupole géodésique exécutée entièrement en acier; elle a un diamètre de 117 m. (Photo USIS)
4
Concours pour la gare principale de Naples, Italie, 1954; projet de Enrico Castiglioni, Giorgio Bongiovanni et Edoardo Sianesi. (Photo FS)
5
Rotonde de locomotives à Lyon, France, 1947; Lafaille, ingénieur. (Photo SNCF)
6
Concours pour la gare principale de Naples, Italie, 1954; Nervi ingénieur, en collaboration avec Vaccaro et Campanella. (Photo FS)
7
Grand hall de la gare de Karlsruhe, Allemagne, 1908-1913; August Ztürzenacker, architecte. Un des premiers usages du béton armé dans l'architecture du bâtiment des voyageurs. (Photo CCI)
8
Cabine de contrôle de la gare d'Utrecht, Hollande, 1938. S. Van Ravenstyn, architecte (Photo AMA)
9
Tour de communication édifiée à Toronto par la Compagnie ferroviaire du Canadien National; hauteur de la structure en béton : 553 m. (Photo CN)

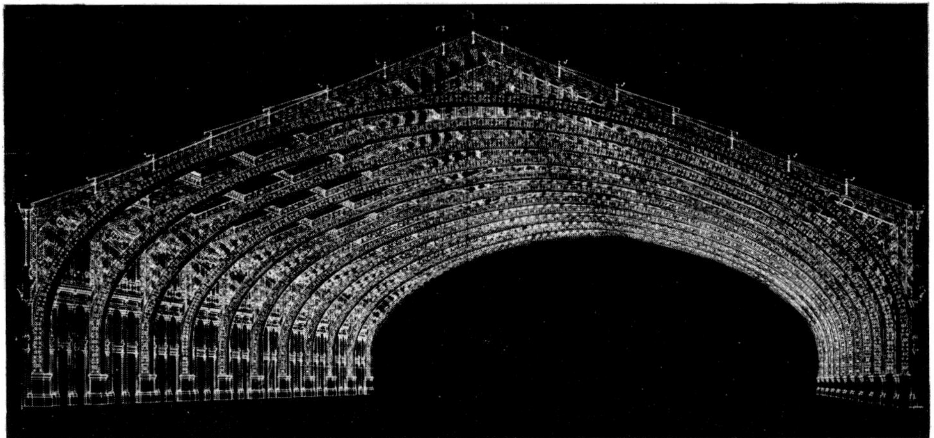
1

2

3

4

5

6

9

7

8

1
Concours pour la gare principale de Bucarest, Roumanie, 1894. Projet d'Alexandre Marcel. (Photo CCI)
2
Charpente métallique de la halle de la première gare du Midi à Bruxelles, Belgique. L'espace créé par l'ingénieur se révèle ici d'une telle beauté féérique, d'une telle majesté qu'il sera le lieu choisi avant sa mise en service ferroviaire pour le déroulement de fêtes royales. (Photo ACL)
3-4-5
Gare Centrale de Milan, Italie, 1913-1930. Cette grande gare terminale est un des exemples les plus tardifs d'opposition caricaturale entre l'architecture du bâtiment — un assemblage mégalomaniaque d'éléments stylistiques hybrides, d'inspiration vaguement assyro-babylonnienne — et la charpente de couverture des quais dont la clarté fonctionnelle est seule à évoquer la modernité du lieu. (Photo FS)
6
Gare de Lytham, Grande-Bretagne, 1846. Dès ses débuts la gare constitue un collage hybride de deux langages opposés, de deux éthiques différentes. La halle des quais est une sobre charpente en bois cachée par un décor architectural néo-classique. (Photo NRM)

1

2

3

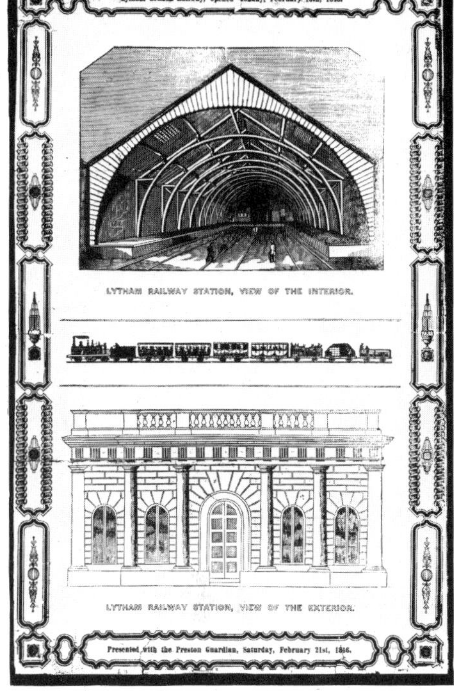
Lytham Branch Railway, Opened Monday, February 16th, 1846.
LYTHAM RAILWAY STATION, VIEW OF THE INTERIOR.
LYTHAM RAILWAY STATION, VIEW OF THE EXTERIOR.
Presented with the Preston Guardian, Saturday, February 21st, 1846.
6

4

5

LIMOGES BENEDICTINS
ARRIVEE

LA GARE: REFLET DE L'ARCHI TECTURE MODERNE

La naissance du chemin de fer fait apparaître un nouveau type de construction devant répondre à des exigences jusque là inconnues : il s'agit alors non seulement de regrouper en un seul bâtiment des fonctions très diverses, mais aussi de résoudre les problèmes de circulation des voyageurs et des marchandises inhérents au nouveau mode de transport. Du fait de ce programme sans précédent, la gare a connu une longue gestation avant de se façonner une identité architecturale qui lui soit propre. Progressivement, elle passe de l'apparence rudimentaire des premiers « embarcadères » à des silhouettes architecturales plus élaborées qui expriment un souci d'harmonisation entre les volumes internes et l'enveloppe extérieure du bâtiment : l'élément central constitué par le vestibule est traduit en façade par une colonnade ou une série d'arcades. Mais le recours à un vocabulaire antiquisant confère souvent à l'ensemble un caractère assez conventionnel. Cette tentative de rationalité n'engendre pas pour autant une palette suffisamment riche pour satisfaire les nécessités « publicitaires » des compagnies privées. Celles-ci, nombreuses et rivales, exigent une diversité de styles qui leur assurent une image de marque originale. Les architectes s'inspirent alors, comme pour le reste de leur production, des œuvres de la Renaissance ou du Moyen Age roman et gothique. Ainsi explose à partir des années 1850 une floraison de façades qui dédaignent les réalités techniques du chemin de fer et la présence de la halle, ce qui provoque de vives réactions de la part des rationalistes. La plus marquante de leurs propositions — une gare dont la façade reflète la structure de la halle — ne débouchera que sur de rares applications : bien que considérée comme le modèle théorique du genre, elle sera dépassée par la montée d'un nouveau courant, l'Eclectisme, dont l'hégémonie s'établit dans les années 1880-1890. Ce style composite — qui se voudra plus qu'un simple pastiche des styles historiques — a peut-être trouvé l'une de ses sources dans la confrontation des idées et des traditions nationales en matière d'architecture que permet le chemin de fer. Ces façades, toujours plus monumentales, accueillent aussi une profusion de motifs décoratifs jusqu'alors employés avec sobriété.

L'industrie triomphante n'affiche pas avec fierté les éléments révolutionnaires de sa production que sont la halle et la locomotive mais les dissimule paradoxalement derrière les façades, ces majestueux paravents éclectiques : l'opulence de la gare doit refléter l'opulence de la ville sans créer de rupture avec les schémas traditionnels. La nouvelle bourgeoisie ne peut encore admettre qu'une esthétique industrielle, assimilée dans son esprit aux lieux du travail, soit appliquée à un bâtiment où elle a coutume de se donner en spectacle.

Cette distorsion entre la fonction réelle du bâtiment et sa traduction architecturale va s'atténuer dans la première décennie du xxe siècle, dans un processus d'évolution que troubleront seulement quelques pulsions nationalistes suscitées par les gouvernements. Désormais seront repoussés les courants architecturaux soupçonnés du moindre penchant lyrique : l'influence de l'Art Nouveau ne transparaîtra que dans quelques rares traces décoratives; quant aux gares expressionnistes ou futuristes projetées à la veille de la guerre, elles ne verront jamais le jour. Une controverse s'engage dans les années 1920-1930 entre les professionnels de la construction, résolument modernistes, et les municipalités soucieuses de faire respecter leur particularisme par des styles régionaux. Simultanément, le monumental et le triomphal disparaissent complètement des gares européennes au profit d'une exploitation plus rationnelle des espaces.

De nouvelles tendances internationales, la révolution du béton dans les méthodes constructives, la forte poussée de l'idéologie fonctionnaliste jointes à la disparition progressive de la vapeur, ces trois facteurs porteront un coup fatal à l'image de la gare qui perdra rapidement son identité après la Deuxième Guerre mondiale.

La recherche d'un visage idéal de la gare aura constamment été partagée entre les expressions rationnelles exigées par la fonction du bâtiment et les expressions irrationnelles engendrées par les différentes idéologies.

Ci-contre : gare des Bénédictins à Limoges, 1925-1929; Gonthier, architecte. Ayant donné lieu à une série de projets dès 1908, cette gare suscita par son implantation et son architecture d'un éclectisme retardataire des discussions passionnées parmi les Limousins. (Photo Planchet, CCI)

1
Gare de l'Allée Verte à Bruxelles, 1835, (gare détruite) : première station d'Europe continentale, elle connut une longue existence malgré son aspect provisoire de pavillon en bois découpé. (Photo SNCB)

2
Projet pour un embarcadère de chemin de fer à Meaux, vers 1848; Arnoux, architecte. L'utilisation du terme « embarcadère » pour désigner les premières stations ferroviaires en France révèle les modèles de référence des constructeurs qui se tournèrent d'abord vers les exemples de la navigation fluviale. (Photo CCI)

3
Gare Willemspoort à Amsterdam, 1842-43, F.W. Conrad et C. Outshoorn, architectes; (gare fermée en 1878). De forme semi-circulaire, ce type de gare aux allures de temple néo-classique fut souvent adopté lors de la construction des premiers embarcadères français, Saint-Germain, Sceaux, etc. (Photo SMU)

4
Gare de Saint-Pancras et son hôtel à Londres, 1868-76; sir Gilbert Scott, architecte. Cette gare connut un succès considérable auprès des contemporains qui admiraient la liaison harmonieuse entre le bâtiment de tête et la halle. Afin de rompre la monotonie, bannie par les Britanniques de l'époque, l'architecte utilisa un style néo-gothique dont il accentua hardiment le pittoresque par un jeu de tours et de pinacles dominant tout le quartier de leurs silhouettes. A la réussite fonctionnelle de la gare, due à la disposition judicieuse de chaque composante, s'ajoutait la présence d'un vaste hôtel intégré au bâtiment et offrant par ses pièces de réception des espaces supplémentaires pour l'accueil des voyageurs. Saint-Pancras restera l'exemple de la gare à la fois ingénieuse et spectaculaire. (Photo NRM)

5
La Gare du Nord à Paris, 1861-64; Jacob Hittorf, architecte. Cette gare remplaça un premier embarcadère réalisé en 1846 par l'ingénieur Léonce Reynaud. La façade de la nouvelle gare devait à la fois refléter la destination du bâtiment et offrir un certain caractère monumental en rapport avec l'importance d'une grande gare parisienne. L'architecte proposa un grand nombre de projets qui aboutirent à ce compromis d'une architecture rationaliste, encore très marquée par les styles néo-classiques. (Photo Roger-Viollet)

1

2

3

4

5

1
Gare de Tours, 1895-98; Victor Laloux, architecte, professeur célèbre de l'École des Beaux-Arts qui construisit également la gare d'Orsay à Paris. La gare de Tours était à l'époque considérée par les théoriciens comme la parfaite expression de la gare, telle que le fut auparavant la gare de l'Est à Paris. (Photo Roger-Viollet)
2
Gare centrale d'Helsinki, 1910-14; Eliel Saarinen, architecte. Résultat d'un concours de 1904, cette gare donna lieu à une polémique nationale où s'affrontèrent les partisans d'un style national-romantique et d'un style académique. Se voulant le reflet d'une tradition nordique, la gare réalisée est en fait un amalgame de caractères académiques, romantiques et rationalistes. L'unité finale en a fait pourtant un chef-d'œuvre de l'architecture ferroviaire de l'époque. (Photo Havas, Musée finlandais d'Architecture)
3
Gare de Metz-ville, 1905-1908; Kröger, architecte. Construite sous l'occupation allemande, cette gare suscita bien des critiques malgré sa commodité d'utilisation : ce *Rundbogenstil* (médiéval roman), employé alors couramment en Allemagne, mais étranger à la tradition lorraine, fut qualifié par les habitants de style *néo-schwob* et inspira quelques descriptions mordantes d'écrivains célèbres : « La gare neuve où l'on débarque affiche la ferme volonté de créer un style de l'empire, le style *colossal,* comme ils disent en s'attardant sur la dernière syllabe. Elle nous étonne par son style roman et par un clocher qu'a dessiné, dit-on, Guillaume II; mais rien ne s'élance, tout est retenu, accroupi, tassé sous un couvercle d'un prodigieux vert-épinard. On y salue une ambition digne d'une cathédrale, et ce n'est qu'une tourte, un immense pâté de viande... » — Maurice Barrès, *Colette Baudoche,* 1909. (Photo A. Schontz, SNCF)
4
Gare centrale d'Anvers, 1899; Louis de la Censerie, architecte : illustration d'une époque où l'architecture éclectique peut atteindre un paroxysme. (Photo AAM)
5
Croquis pour une gare, 1914; Erich Mendelsohn, architecte. Suggérer symboliquement la fonction par la forme, telle était la démarche des architectes expressionistes allemands dont les rares projets de gares — ignorant volontairement les contraintes techniques du système ferroviaire — surprennent par la puissance lyrique de leurs formes subjectives. Aucun de ces projets ne fut jamais réalisé. (Photo CCI)

1

2

3

4

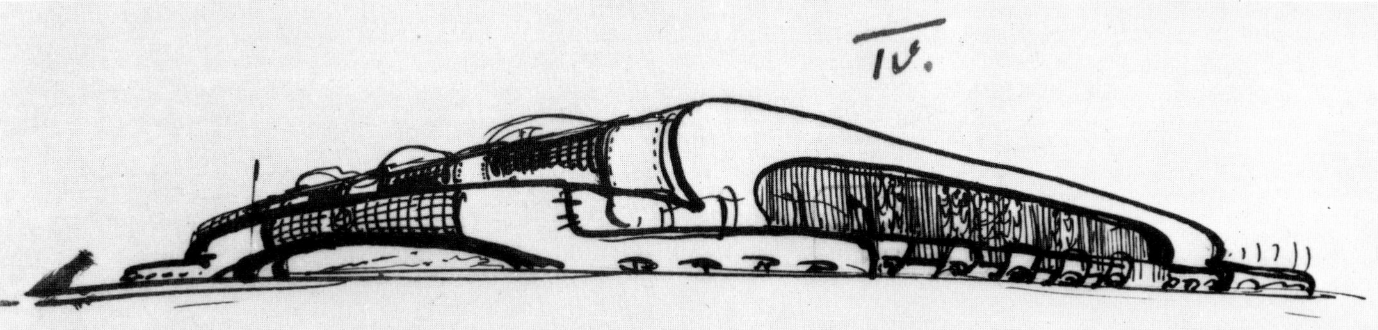

5

1-2
Vue d'ensemble et hall de la gare de Deauville, 1930; Jean Philippot, architecte. Le style normand imposé par la municipalité reflète cette poussée vers le régionalisme dans l'architecture des années 20-30 en France qui touchera aussi la construction des gares. Reproduit dans de nombreux manuels, le modèle de Deauville fut copié jusque dans les colonies françaises. (Photos SNCF et CCI)
3
Hall de la gare de Milan, 1920-30; Ulisse Stacchini, architecte. Les gares italiennes, qui s'étaient distinguées jusqu'alors par leur aspect de légèreté, mais n'avaient pas apporté de grande innovation, vont connaître dans l'entre-deux-guerres un retentissement international. Sous le fascisme, les bâtiments publics devaient glorifier l'idéologie régnante par une esthétique monumentale, imposante et pompeuse, à la frontière de la magnificence et du grotesque, comme à Milan. Presque simultanément, la gare de Santa Maria Novella de Florence va marquer un tournant dans l'histoire de l'architecture. (Photo Civico Museo, Milan)
4
Gare Santa Maria Novella à Florence, 1934-36; G. Michelucci et associés, architectes : victoire du modernisme sur la grandiloquence, cette gare suscita par ses formes épurées de vives réactions de la part des usagers : des caricatures la comparèrent à un piano, à une malle ou même à une écluse. (Photo FS)
5
Gare de Lens, 1926; Urbain Cassan, architecte. Considérant que le premier projet n'était qu'une « gare-hall à marchandises », la municipalité réclama, avec le ministère des Travaux Publics, « un bâtiment architectural à étages, seul compatible avec l'ensemble de la place de la gare ». Cette demande ne reçut jamais satisfaction car l'architecte, devant faire face aux problèmes posés par un ancien terrain minier, rechercha un maximum de légèreté.
(Photo CCI)
6
Centrale thermique et cabine de contrôle de la gare Santa Maria Novella à Florence.
1928-32. Angiolo Mazzoni, architecte.
(Photo Anderson, FS)

« Le perfectionnement du chemin de fer, en particulier son électrification et la recherche croissante de la sécurité, a donné récemment naissance à des édifices d'un caractère particulièrement fonctionnel : cabines d'aiguillage, stations de transformation, postes de coupure, etc. Il s'agit là d'outils, de véritables machines qui ne sauraient dériver d'une forme déjà connue. Mais, justement parce qu'ils sont des édifices-type, ils devront être intrinsèquement beaux par l'expression vraie de leur destination et par l'harmonie de leurs formes ».
Urbain Cassan, *Hommes, maisons, paysages*, 1930.
7
Projet pour la gare Centrale de Rome, 1939; Angiolo Mazzoni, architecte : exemple d'architecture triomphale caractéristique de la période fasciste. (Photo AAM)

1

2

3

4

5

6

7

1
Gare centrale (Stazione Termini) à Rome, 1948-51; L. Calini, A. Pintonello, architectes. A la fin du fascisme, seuls les bâtiments latéraux à arcades (non visibles sur ce document) avaient été réalisés par l'architecte Mazzoni. En 1947, un concours fut lancé et porta sur le bâtiment des bureaux et celui de l'entrée qui devaient, selon le programme, « refléter le nouveau mode de vie à Rome et le changement des idéologies politiques; le risque possible de perdre l'aspect monumental prévu avant-guerre serait compensé par le caractère plus humain et adapté au mode de vie démocratique ». Le hall d'entrée constitua, par sa couverture en S, en béton et verre, l'élément le plus réussi de la gare et dévoila la montée d'une nouvelle école d'architectes italiens travaillant étroitement avec les ingénieurs. (Photo FS)

L'histoire architecturale de la gare est jalonnée de luttes entre les efforts modernistes et les retours périodiques à des langages traditionnels. Conflit qui s'illustre jusque dans la production d'un même architecte; ce sera le cas de Van Ravesteyn aux Pays-Bas — inspiré par les formes de l'architecture baroque et néo-classique — et, antérieurement, celui de Mazzoni en Italie.

2
Gare Centrale de Rotterdam, 1957; Sybold Van Ravesteyn, architecte. (Photo Spies)
3
Gare de Vlissingen, Pays-Bas, 1950; Sybold Van Ravesteyn, architecte. (Photo AMA)
4-5
Façade principale et salle d'attente de la gare de Volgograd (ex Stalingrad), URSS, 1953; A. Khourovskin et S. Briskin, architectes. (Photo Chemins de Fer Soviétiques)
6
Projet de construction devant la gare centrale de Milan, 1952; G. Minoletti et E. Gentili, architectes. Longtemps les Milanais furent embarrassés par ce monument, non tant pour sa façade lourde et prétentieuse que pour les souvenirs fascistes qu'il perpétuait. Des propositions furent faites pour masquer la façade actuelle par un building ou même pour démolir complètement l'édifice frontal. (Photo FS)

1

2

3

4

5

6

BUFFET

LA GARE: PIVOT DE LA VILLE

La gare a toujours tenu un rôle important dans le développement de l'urbanisation. Elle est un des nouveaux pivots de la ville. Par sa vocation à faire converger des flux considérables de biens et de personnes, la gare est, dès son origine, un point d'articulation essentiel autour duquel la ville moderne va se déployer. Elle engendre une nouvelle géographie urbaine, une nouvelle logique de la répartition des composantes de la cité. Elle modifie profondément l'ordonnance des agglomérations en créant de nouveaux centres de gravité, en suscitant l'apparition de modèles d'urbanisme et d'habitat inconnus antérieurement qui vont massivement conditionner la vie des citadins.

En tant que nœud ferroviaire, la gare accélère et démultiplie la croissance de villes ou même de métropoles géantes; aux États-Unis, Chicago doit sa puissance et son développement fulgurants à sa fonction de carrefour de 27 lignes différentes. Dans la nouvelle logique économique des transports et des communications, dès le XIXe siècle, une petite ville somnolente, dotée — par hasard de la géographie ferroviaire — d'une gare de triage, devient centre économique régional. Inversement, une ancienne cité prospère mais dépourvue de connexion ferroviaire voit sa vitalité brusquement menacée. En fait, au cours du siècle dernier, la nature et la localisation des urbanisations nouvelles sont en grande partie les résultantes imprévues des décisions prises par les planificateurs des chemins de fer. Lorsqu'ils définissent les tracés des voies aux abords des villes, les ingénieurs tablent sur des critères de rationalité technique, d'économie ou de concurrence; le développement logique des expansions urbaines ne constitue pas une des composantes de leur programme. D'où notamment le chaos dans lequel s'est produite la croissance alors très rapide de banlieues déchiquetées et sous-équipées, dépendantes d'un centre urbain de plus en plus lointain. Ainsi se révèle cette incapacité structurelle de la société industrielle à associer de façon synchrone et harmonieuse deux développements pourtant complémentaires : celui du ferroviaire et celui de la ville, résultant en d'aberrantes migrations quotidiennes entre banlieues et métropoles. Presque seules à avoir échappé à ce fantastique gâchis, quelques communautés suburbaines sont conçues dès les années 1860-1870 pour une élite bourgeoise dans la frange rurale des grandes villes : le Vésinet à l'ouest de Paris, Bedford Park à l'ouest de Londres, Riverside près de Chicago. Ces communautés ont su profiter de l'atout ferroviaire pour édifier — autour de gares créées ex-nihilo — des cités résidentielles sereines d'un genre résolument nouveau. Là, pour la première fois, le mythe moderne de « la ville à la campagne » prend la forme de « cités-jardins » avant même que Hebenezerd Howard ait théorisé, en 1898, son modèle démocratique de « garden city » autonome et indépendante des métropoles existantes. Il faudra attendre 1912 pour voir un urbaniste proposer, pour une ville existante, un concept neuf de maîtrise d'une croissance urbaine limitée et étayée sur un maillage ferroviaire spécifique à ses propres besoins : pour l'expansion du Grand Helsinki, Saarinen conçoit une fédération complète de petites communautés satellites immergées dans la végétation et articulées chacune autour de leur gare qui — par son réseau ferré — les lie toutes ensemble de façon organique, en un vaste système urbain. Si ce plan n'a pas été appliqué tel quel, son principe sera repris, de façon plus modeste et édulcorée, durant les années vingt et trente pour certaines expansions suburbaines, nommées « Metroland » autour de Londres. Durant l'euphorie économique des années 1960-1970 les grandes gares deviendront, au cœur des métropoles européennes, les pivots d'ambitieux programmes de « rénovation urbaine ». De là émergeront d'arrogants « complexes de bureaux et de commerces » destinés notamment à happer la population captive des banlieusards à leur sortie de la gare.

Ci-contre : caricature de A. Robida, 1896. Cette vue de Paris montre quels « éléments de beauté et de dynamisme » le ferroviaire peut « apporter aux perspectives de la grande ville, quelles admirables transformations il peut opérer et enfin comment il utilise de façon ingénieuse et pittoresque les monuments qui jusqu'à ce jour n'ont pu servir à rien »... (Photo CCI)

Dès la fin du XIXe siècle, la gare devient pour les architectes et les urbanistes un moyen privilégié d'exprimer dans la ville l'image d'une monumentalité solennelle et d'une vigoureuse centralité.

1
Projet de gare centrale non identifié pour une ville allemande, 1911. (Photo Bouchart, CCI)
3
Projet de gare centrale pour Paris localisée entre la place de la République et le canal Saint-Martin, 1903. (Photo Planchet, CCI)

Entre les deux guerres mondiales, et avec l'apparition de transports concurrents, la gare perd son image triomphaliste; mais elle va longtemps encore demeurer un pivot fonctionnel de la cité.

2
Projet de ville nouvelle, 1922; Le Corbusier, architecte. Si la gare est ici encore le centre géométrique de l'organisation de cette agglomération de 300 000 habitants, elle est toutefois déjà reléguée en sous-sol : elle disparaît de la vue et ne suscite plus aucune expression architecturale dans la silhouette de la ville. Il est symptomatique que son organisation souterraine soit recouverte, aux niveaux supérieurs, par le déploiement d'une autoroute — qui constitue l'axe visible de la ville — et par un aérodrome. C'est ce nœud de communications complémentaires qui devient l'élément clef de l'organisation de la ville. (Photo Planchet, CCI)

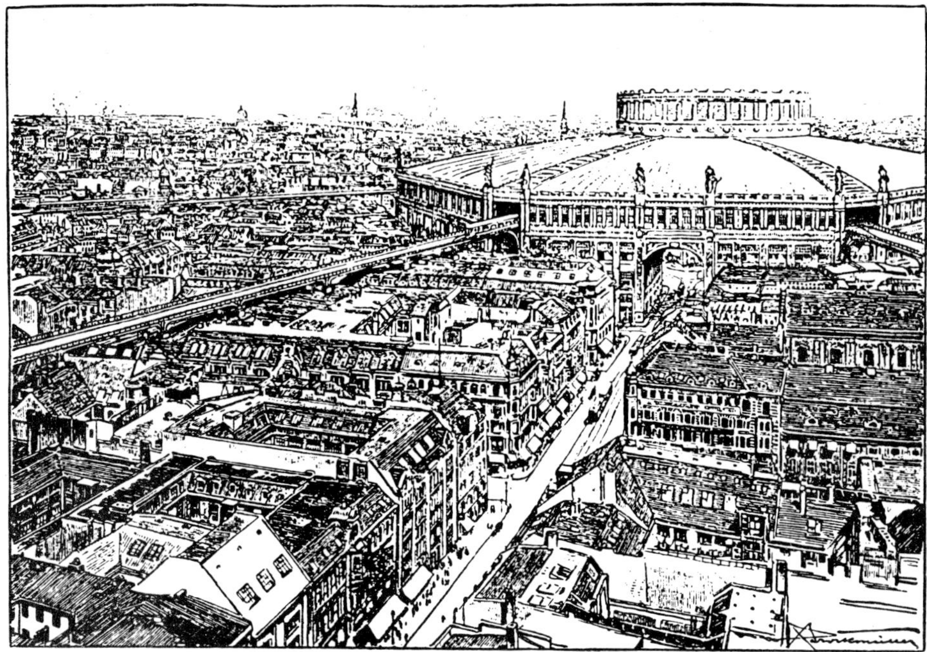
1

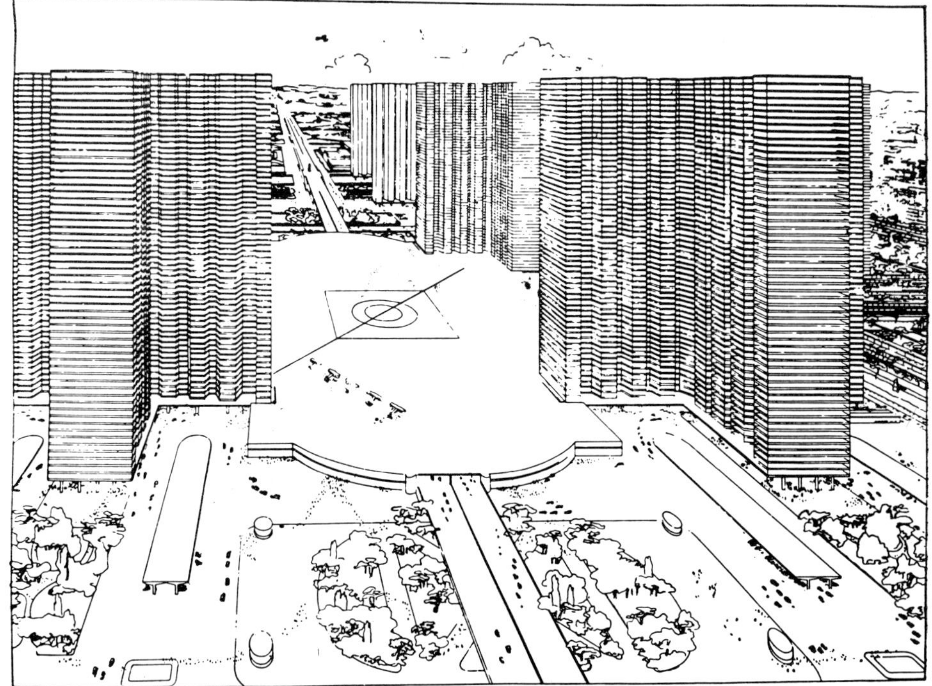
2

3

Tant du point de vue urbanistique que mental, la gare devient au XIXe siècle une nouvelle porte de la ville qui se substitue à celles des anciennes enceintes fortifiées. Ce caractère de lieu-frontière s'exprime souvent dans l'architecture ferroviaire par de multiples variations sur le thème du portique et de l'arc de triomphe.

1-2
Portique de la gare centrale de Zurich, Suisse. (Photos ONST et archives de la Ville de Zurich)
3
Portail d'entrée de la gare de Tesnov à Prague, Tchécoslovaquie. (Photo V. Slapeta)
4
Projet de portique d'entrée pour la gare de l'État à Saumur, France, 1904. (Photo CCI)

1

Verlag von Conrad Michel, Metzger Zürich.

2

3

PROJET
D'ENTRÉE DE LA GARE DE L'ETAT
CHEMINS DE FER DE L'ETAT
Façade sur l'Avenue de la Gare

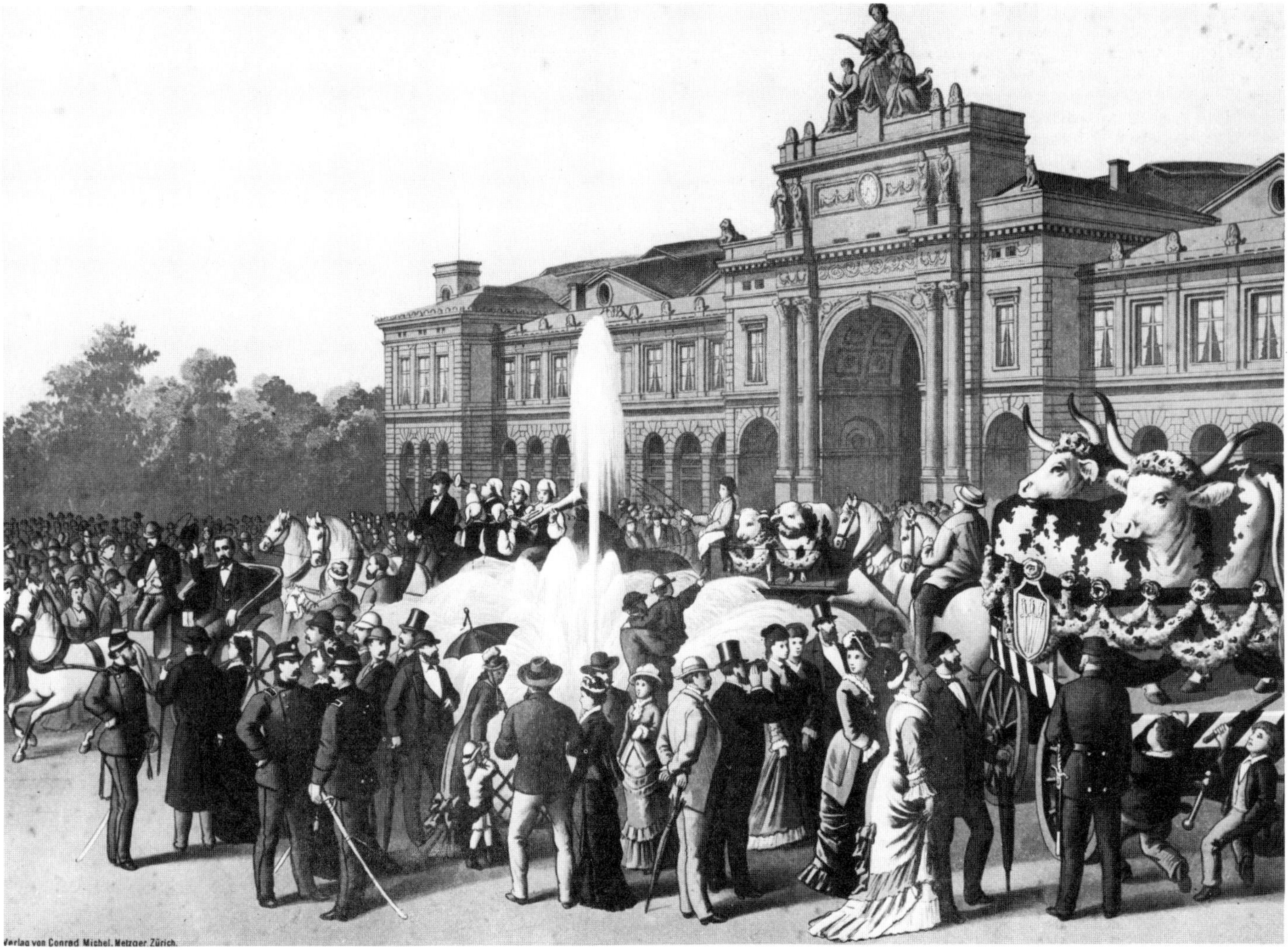

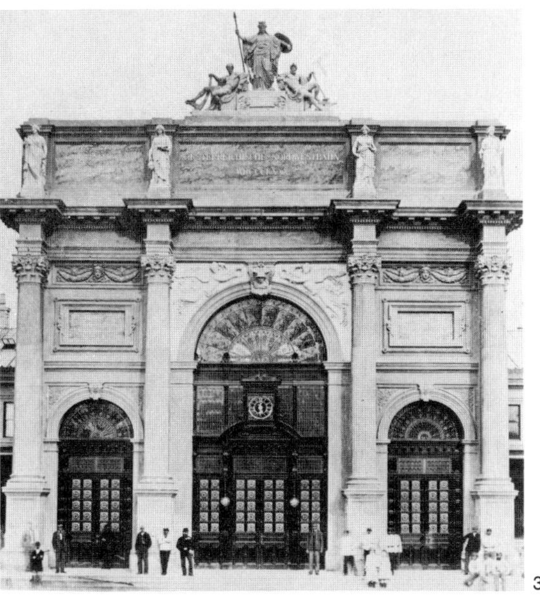

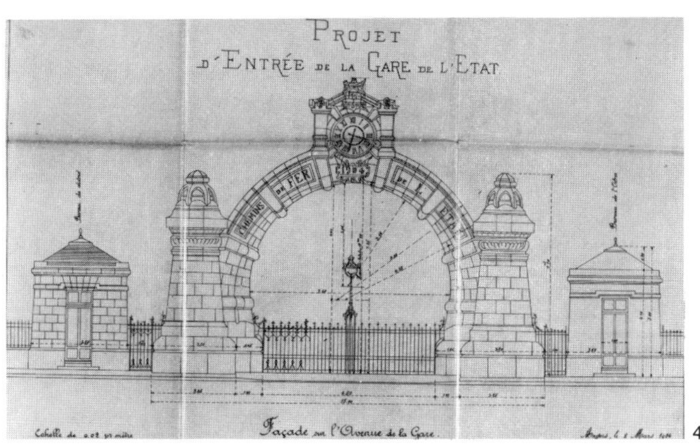

4

Le quartier de la gare est sans doute le seul de la ville qui d'emblée se donne à voir à l'endroit et à l'envers. Vu des quais ou des trains, il exhibe souvent un long panorama linéaire d'arrière-cours, de terrains vagues ou d'installations industrielles décrépites qui révèlent les coulisses sordides de la ville moderne. Fréquemment, la place de la gare est au contraire un décor d'apparat où se déploient des ordonnances architecturales qui cherchent à imposer à l'arrivant l'image d'un ordre urbain élaboré.

1
Concours pour l'aménagement de la gare de Lucerne, Suisse, 1976; projet de Werner Kreis et Ulrich Schaad, architectes. (Doc. Kreis et Schaad)

2
Concours pour la gare de Leipzig, 1907. Projet de Peter Birkenholz, architecte. (Photo AAM)

3
Place Marie-Henriette à Gand, Belgique, devant la gare Saint-Pierre, 1908-1912; Cloquet, architecte. (Photo IRPA)

4
Concours pour la gare de Karlsruhe, 1904; projet de Hermann Billing, architecte. (Photo AAM)

5
Place devant la gare centrale à Milan. (Photo Ville de Milan)

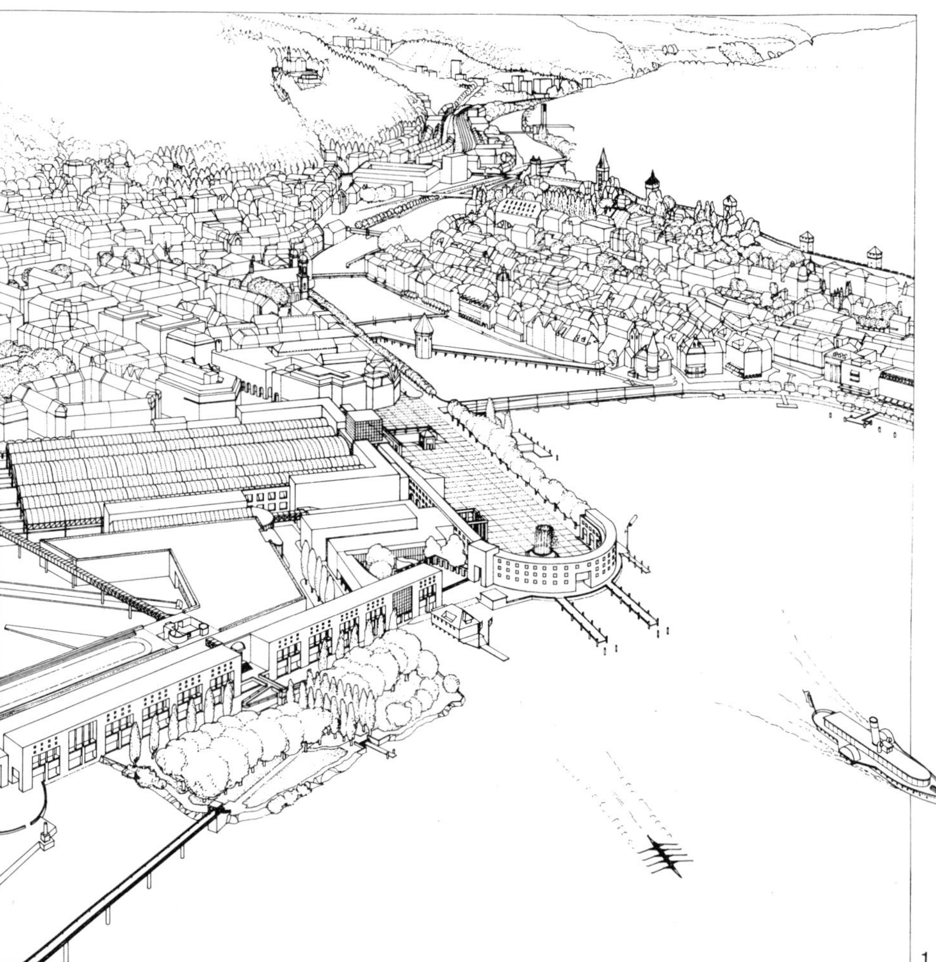
1

2

3

4

5

Si la gare a été depuis plus d'un siècle un axe autour duquel la ville moderne s'est déployée, cette vocation demeure pour l'avenir une des plus évidentes. L'actualité récente abonde, dans de multiples pays, en exemples de vastes opérations d'urbanisme et de rénovation urbaine réalisées autour des gares; par leur nature et leur ampleur, ils modifient profondément la répartition des centres de gravité et des flux de circulation des villes.

1
Le nouveau « centre directionnel » de Lyon, France, édifié tangentiellement à la gare de La Part-Dieu. (Photo Studios Villeurbanais)

2
Maquette du nouveau centre d'affaires et de commerce en cours de réalisation autour de la gare centrale d'Utrecht en Hollande. On remarquera la brutale opposition d'échelle et de traitement architectural entre le centre urbain traditionnel (au fond) et ce nouveau complexe. (Photo Archives municipales d'Utrecht)

Dans les grandes villes, les énormes emprises des voies ferrées des gares constituent une des dernières réserves foncières où peuvent encore se déployer de vastes projets d'urbanisme n'impliquant pas la destruction d'un patrimoine immobilier ou végétal

3-4-5
Vue aérienne de l'emprise foncière de la gare dans le tissu urbain de Toronto, Canada, et vue, sous le même angle, de la maquette du projet d'aménagement sur ce terrain du nouveau centre directionnel de la ville. Conçu comme « le plus grandiose projet de rénovation urbaine jamais entrepris au cœur d'une ville en Amérique du Nord », ce programme révèle le véritable enjeu urbanistique qui se joue désormais autour des gares. Cette opération est estimée à un coût global d'un milliard de dollars. Elle doit se réaliser en 15 ans. De 1973 à 1976, pour amorcer la réalisation de cet ambitieux projet, les promoteurs ont d'abord édifié, au centre du terrain à valoriser, une immense tour de 553 mètres servant de prestigieux signal technologique à cette future opération qui est appelée à modifier considérablement la géographie urbaine de la ville.
(Photos Canadien National)

1

2

3

5

C'est sans doute à Bruxelles que le projet d'insertion, au cœur de la ville historique, d'une gare centrale et d'un réseau ferroviaire de transit (entre les gares du Nord et du Midi) va avoir les conséquences urbanistiques et sociales les plus frappantes. Pour assurer une circulation rapide et nombreuse des trains entre le nord et le sud du pays (et entre diverses nations d'Europe) on va, à travers toute la ville ancienne, procéder à des démolitions très nombreuses pour introduire les voies ferrées dans cette saignée. L'emprise foncière très large nécessaire à ces travaux ayant été acquise par l'État, celui-ci implantera sur cet axe, de part en part de la ville médiévale, des alignements continus d'immeubles de bureaux qui vont couper la ville en deux et engendrer rapidement, par osmose, une « rénovation urbaine » de plus en plus brutale.
Cette opération menée selon des critères purement technocratiques va déclencher un brusque dépeuplement des quartiers centraux et entraîner une dévitalisation progressive de la ville. Au prix du dépérissement du centre urbain qu'elle dessert, la circulation ferroviaire de transit est depuis lors d'une efficacité incontestable à Bruxelles.

1

2

3

1-2-3
Trois aspects de la coupure violente qu'a occasionné, à travers le centre médiéval de Bruxelles, le passage de la jonction ferroviaire entre les gares du Nord et du Midi. (Photos Bouchart, CCI)

4
Photo aérienne du centre de Bruxelles avec la localisation des gares successives : (1) première gare au nord de la ville, 1835, démolie; (2) première gare au sud de la ville, démolie; (3) deuxième gare du Nord, démolie; (4) deuxième gare du Midi, démolie. Entre ces deux dernières on a réalisé au XIXᵉ siècle la seule grande percée urbaine à travers toute la ville, sur le modèle des opérations menées à Paris par Haussmann. De nombreux projets furent alors étudiés en vue de créer, sous ce boulevard, une liaison ferroviaire entre le nord et le sud qui aurait été ponctuée au milieu de la ville par une gare centrale (5); ces projets n'ont pas eu de suite. (6) troisième et actuelle gare du Nord; (7) troisième et actuelle gare du Midi. Entre ces deux gares fut réalisée la « jonction ferroviaire nord-midi » ponctuée de deux gares secondaires (9 et 10) et d'une gare centrale (8) dont les abords (11) restent encore, 25 ans après les travaux, profondément marqués par la brutalité de l'opération de démantèlement du centre urbain : ici un vaste parking sauvage au cœur de la ville. Entre la nouvelle gare du Nord (6) et la gare des marchandises (12), va se déployer durant les années soixante une énorme opération de rénovation urbaine dont la faillite contribuera, davantage encore, à donner à Bruxelles l'image d'une ville dévastée par les opérations conjointes des technocrates et des promoteurs. (Photo IGM)

12
13
1
6
3
10
5
11
8
2
9
4
7
14

1

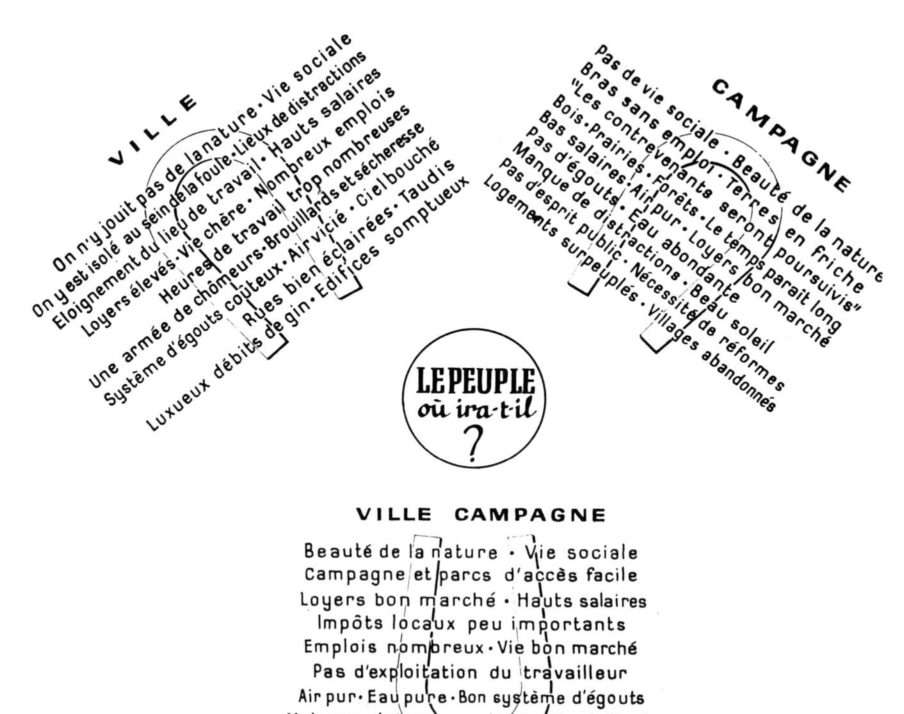

2

1
Durant les années 1920-1930 on a tenté, dans la région de Londres, de maîtriser l'urbanisation des banlieues en planifiant des entités suburbaines de logements pavillonnaires autour des gares de nouvelles lignes ferroviaires créées à cet effet. Ici, en pleine campagne, le site réservé pour la gare de Edgware en 1923. Pour promouvoir ce vaste programme d'habitat, les media furent largement utilisés pour mettre en évidence l'aspect idyllique de la vie dans la grande banlieue, aux franges de la campagne. (Photo Museum of London)

2
L'apparition du chemin de fer devait permettre de concevoir une décentralisation urbaine qui ne fut théorisée par H. Howard qu'en 1898. Il proposa une alternative entre la ville traditionnelle et la campagne : un modèle de ville-jardin *(garden-city)* qui devait offrir un compromis idéal pour l'épanouissement de la société moderne. Bien que supposées autonomes sur le plan économique, ces cités s'avéraient très dépendantes des communications ferroviaires pour assurer leur liaison organique avec le pays. Ainsi apparaît le premier modèle de ville dont la gare est à la fois le germe initial, le centre géométrique de la composition urbaine autour duquel s'articulent les flux des biens et des personnes nécessaires à l'activité de ces villes nouvelles. (Photo CCI)

3
Projet de création d'une « ville nouvelle » devant permettre l'expansion de l'agglomération et du port d'Anvers, Belgique, 1856. La gare est ici conçue comme élément structurant d'une urbanisation nouvelle, comme germe d'un nouveau déploiement économique de la métropole. (Photo Bibliothèque Royale, Bruxelles)

4
Pour tenter de vaincre l'urbanisation chaotique des banlieues qui, pendant le XIXe siècle, se développent autour des gares et des lignes ferroviaires des grandes villes, les urbanistes proposent, vers 1920, de concevoir aux abords des métropoles des réseaux ferrés dont les fonctions seraient désormais clairement différenciées. Au voisinage des grandes lignes à vocation nationale se grouperaient les industries; autour de lignes locales, à créer de toutes pièces, se développeraient des communautés suburbaines dont chacune aurait pour centre la gare. Cette théorie, apparue trop tardivement, ne sera que très rarement appliquée. (Photo CCI)

5
La croissance de l'agglomération de Londres depuis le début de l'ère ferroviaire jusqu'à nos jours. (Photo CCI)

Fᵗ du Nord
Nouvelle Enceinte Projetée
NOUVELLE VILLE
Ch. de fer d'Anvers à Rotterdam
Nouveau Bassin
Station projetée
Isabelle
Grand Bassin
ANVERS
St Willebrord
Jardin Zoologique
Station
Jardin Botanique
3

Grand chemin de fer
Fuseau d'usines
Fuseau d'air
Grande Cité
Fuseau d'habitations
Chemin de fer electrique
Gare
Gare
Gare
Gare
Gare
A. Màriage inv.
4

10 miles
10 kms.
10 miles
10 kms.
5

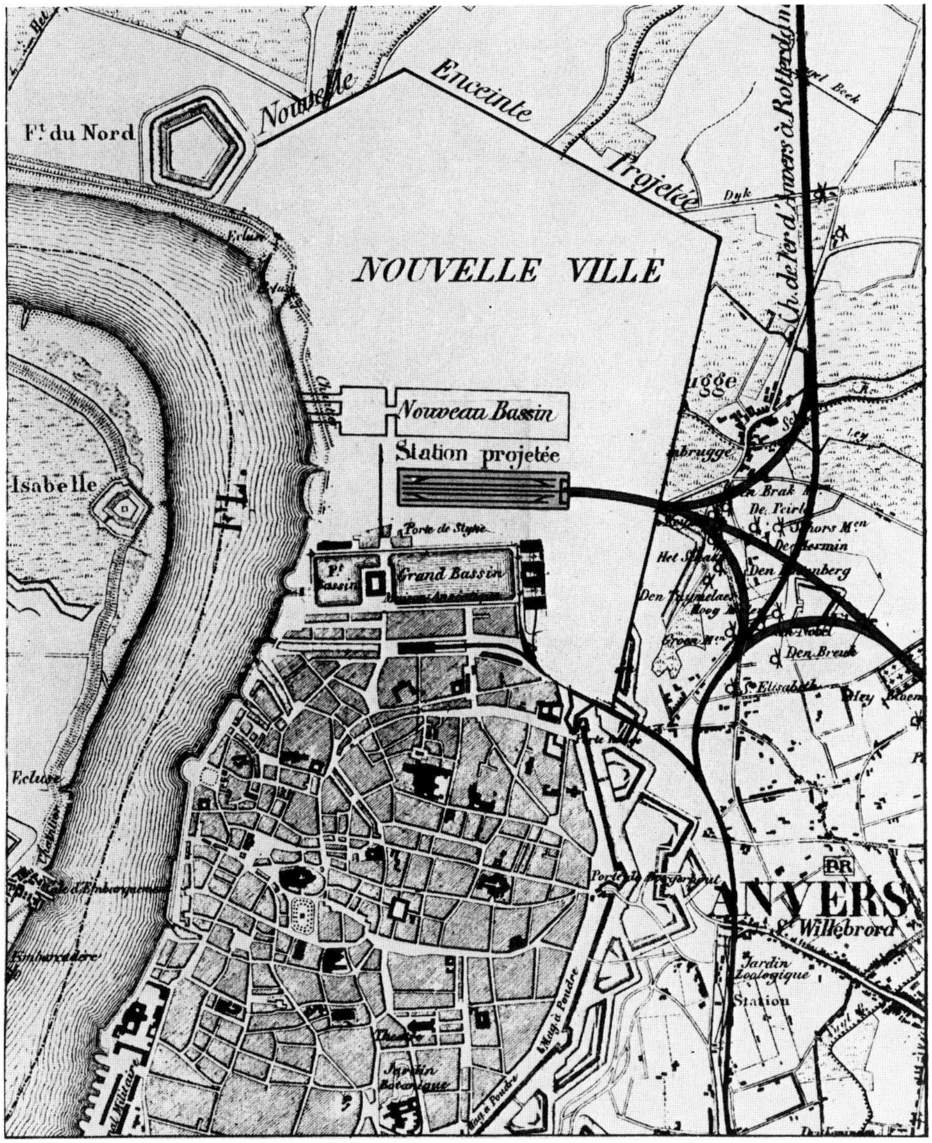

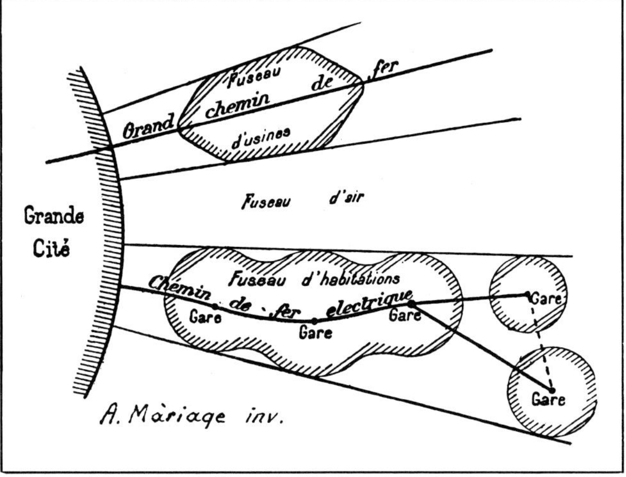

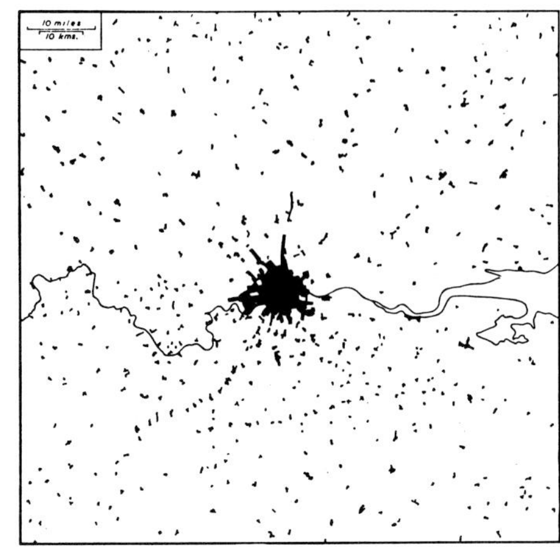

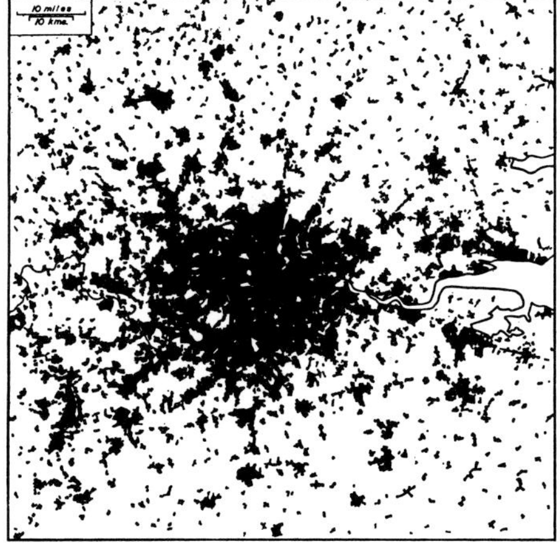

1
Plan-type de ville ferroviaire créée ex-nihilo par les compagnies de chemin de fer lors de la conquête de l'ouest aux États-Unis. La gare est ici le centre géométrique d'un système de rues répété à l'identique dans chaque agglomération fondée le long du réseau. (Photo CCI)
2
La construction aux États-Unis des lignes ferroviaires transcontinentales impliquait l'hébergement et la maîtrise d'une énorme main-d'œuvre qui devait se mouvoir au fur et à mesure de l'avancement quotidien des travaux de pose des voies dans des régions désertiques. Le personnel était logé dans des convois sommaires de wagons-dortoirs à trois niveaux qui apparaissent désormais comme une avant-première par rapport aux utopies de « villes linéaires » et de « villes mobiles » proposées par de multiples urbanistes du XXe siècle. (Photo Association of American Railroads)
3
Projet de ville à créer de toutes pièces autour d'une gare du réseau ferroviaire suédois, 1859; Edelsvärd, architecte. (Photo CCI)
4
Vue aérienne de la cité de Herington, Kansas, États-Unis, 1887. La gare ferroviaire apparaît bien ici comme le germe de cette urbanisation nouvelle et le centre autour duquel se développe progressivement l'agglomération. (Photo : Library of Congress, Washington)
5
L'euphorie née de l'arrivée du chemin de fer dans des régions jadis complètement isolées a suscité dans l'ouest américain la création d'une multitude d'agglomérations qui ne se justifient souvent que par les visées spéculatives de leurs promoteurs. Nombre d'entre elles furent abandonnées peu après leur fondation; ici une ville ferroviaire fantôme dans le Kansas en 1871. (Photo CCI)
6
Au XIXe siècle, pour inciter la création de lignes de chemin de fer à travers le continent américain, le gouvernement octroya aux compagnies ferroviaires d'immenses territoires de part et d'autre des voies mises en exploitation. La surface totale de ces terres est estimée à 131 millions d'acres. La carte supérieure révèle en vraie proportion l'ampleur des zones ainsi concédées tandis que celle du bas correspond à l'information exagérée, couramment véhiculée dans l'opinion publique. Sur ces emprises foncières gigantesques, les compagnies ferroviaires ont organisé une colonisation massive qui impliquait la construction d'une multitude de villes et villages édifiés autour de toutes les gares du réseau. (Photo CCI)

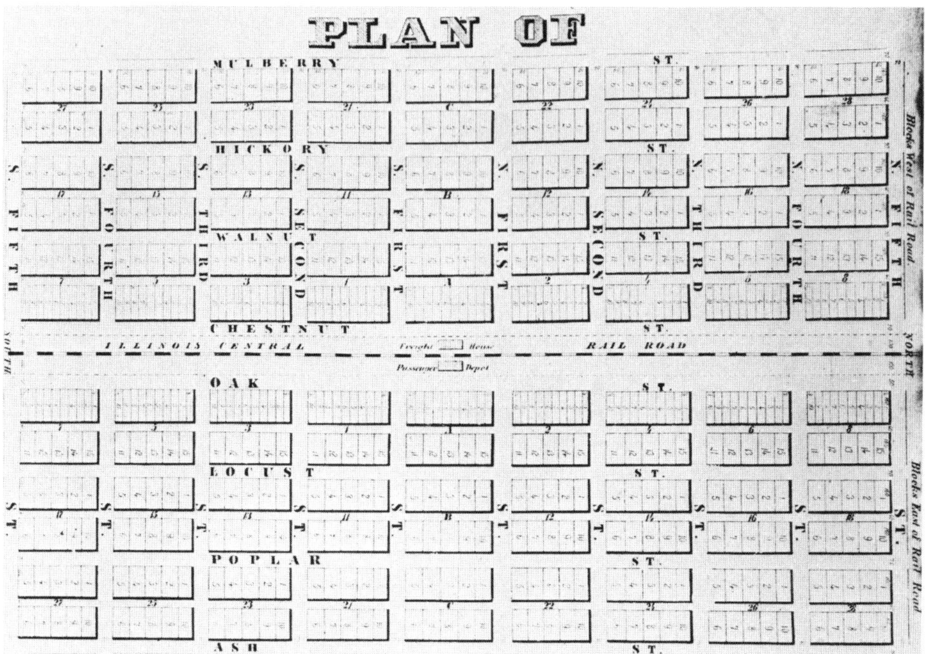

1

2

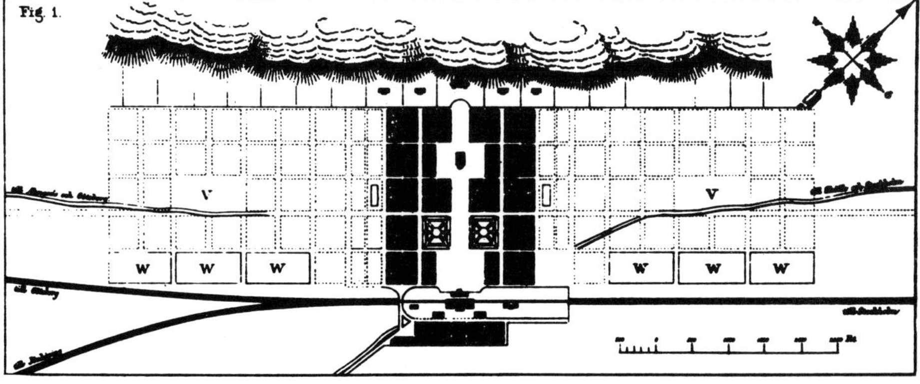

3

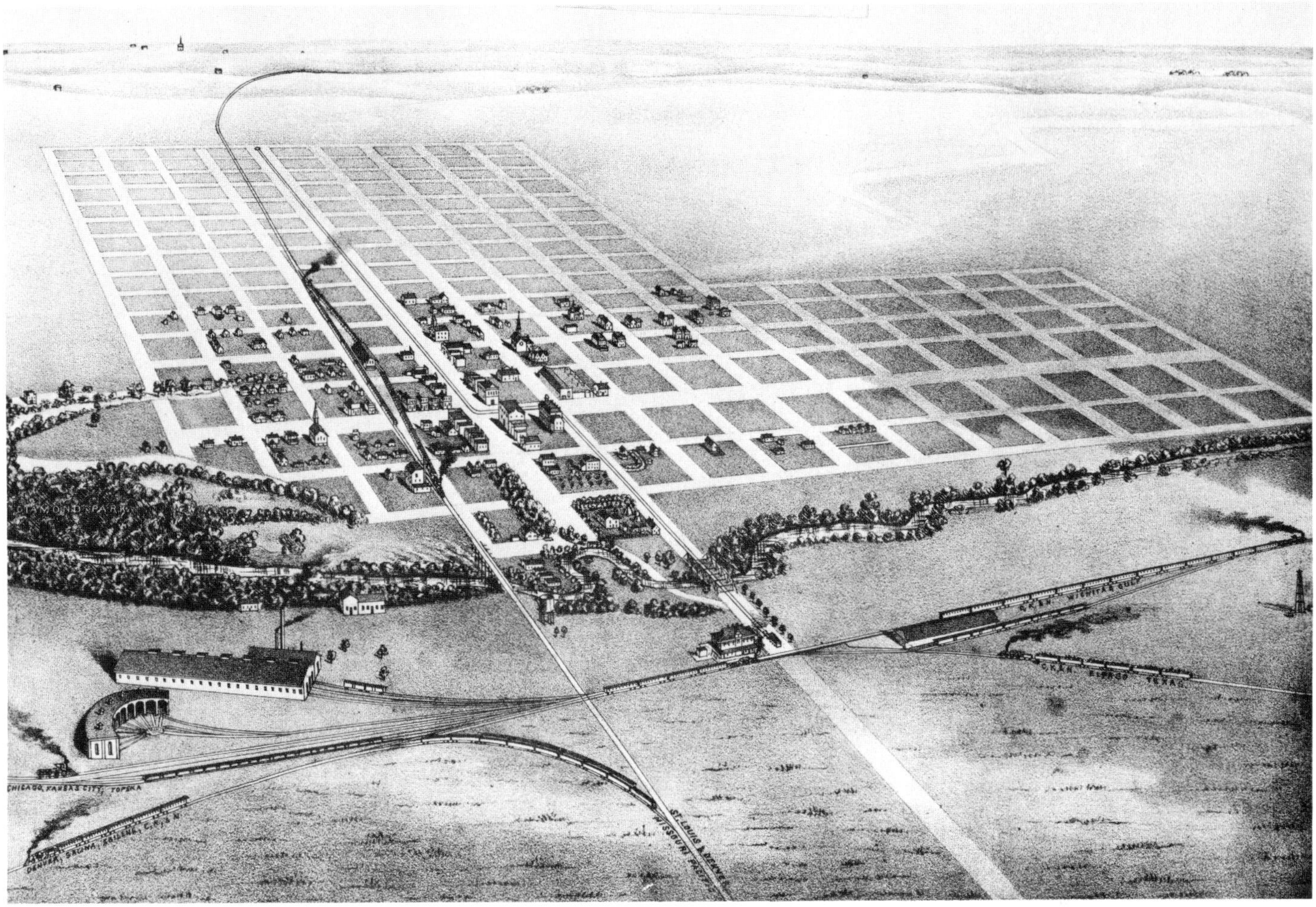

4

5

6

6
4
AERATED WATERS
HOUTEN'S COCOA

LA GARE: MICROCOSME DE LA SOCIETE INDUSTRIELLE

Ci-contre : départ en week-end à Glasgow Central station, Grande-Bretagne. Image des années trente, désormais rituelle : la cohue et l'entassement des foules qui fuient les villes du travail. (Photo City of Glasgow District Council)

Produit et reflet d'une société de classes, la gare constitue un des premiers lieux modernes où s'expérimentent la promiscuité et le brassage des individus. Ces cathédrales de la révolution industrielle résonnent des messages glorieux de la religion du progrès dont le chemin de fer est porteur : la bourgeoisie triomphante s'y donne en représentation, dans les fastes et l'apparat. Aux bourgeois du XIXe, succède la gentry ferroviaire des années vingt, avec sa mythologie des Grands Express et des voyageurs de luxe. La « Madone des Sleepings » a désormais cédé sa place aux attachés-cases des cadres T.E.E.

Par-delà la façade monumentale des gares des grandes villes, au travers des petites gares rurales — au débouché des régions agricoles — s'effectue, au XIXe siècle, le transfert de populations paysannes vers les usines et les bureaux des villes industrielles. Pour ces usagers, devenus ouvriers, employés, la gare n'est plus alors qu'un environnement quotidien et obligatoire, emprunté deux fois par jour, dans le cadre des migrations dites « alternantes » entre lieu de résidence et lieu de travail. Pratique de la gare, dans ce qu'elle a de plus banal et aliénant, qui offre de saisissants spectacles aux heures de pointe. A travers l'effervescence de ces mouvements journaliers et ce déferlement humain, se scelle le mouvement qui démocratise la gare, tandis qu'à l'inverse, la halle vide symbolise la grève qui immobilise la production d'une nation.

La généralisation des loisirs draîne ces mêmes foules vers les gares, leur donnant cette physionomie stéréotypée des départs et retours de vacances.

La « Jet Society » a détrôné la gentry ferroviaire et les aventures des grands trains des années folles ont cédé la place aux tristes migrations du capitalisme international. Les travailleurs yougoslaves et turcs qui ont remplacé sur les banquettes de l'Orient-Express (rebaptisé Direct-Orient) les aventuriers d'antan, n'empruntent plus qu'un train de banlieue qui va très loin. Mais, dans les yeux de ces exilés qui débarquent dans les centres de triage des métropoles occidentales, se lit la même angoisse du déracinement que dans le regard des émigrants italiens ou alsaciens du XIXe attendant, Gare Saint-Lazare, le train pour le Havre où ils embarqueront pour l'Amérique. Étonnant spectacle que celui offert chaque fin de semaine par les gares des principaux centres industriels d'Europe transformées par ces immigrés en lieux de rendez-vous et de rassemblement, portes de sortie les plus proches du souvenir de la terre natale, aux frontières d'une société qui les utilise tout en les excluant.

Mais les gares, par leur fonction même de passage, sont aussi l'asile d'autres personnages aux limites du voyage : marginaux, « paumés », nomades modernes, peuple d'une autre mythologie ferroviaire véhiculée par le roman ou le cinéma contemporain. Par-delà les avatars des mythes, la permanence des rituels de gares se maintient, traversant sans encombres temps, territoires et catégories d'usagers. Une gestuelle universelle s'y cristallise qui spécifie l'ordinaire quotidien ou le fabuleux du départ unique.

Dans ces lieux de brassage, de rassemblement et de circulation de masses que sont les gares, sont venus se refléter les mouvements d'idées et les moments de rupture des sociétés. Elles se sont retrouvées ainsi investies, à différents moments de l'histoire, des expressions de la contestation et de la propagande politique, visant le parcours imposé de milliers de « prolétaires se rendant au chagrin », ou rassemblant les énergies militantes, lui conférant par là-même, la dimension du forum idéal.

1
Graffiti dans une gare de banlieue, Sarcelles, France, 1978. (Photo Planchet, CCI)
2
« La grande Révolution socialiste », URSS, 1917. Meeting dans une gare soviétique. (Photo Snark)
3
Rassemblement devant la gare de Lyon, Paris, mai 1968. (Photo B. Barbey, Magnum)

2

3

1
Gare de Munich, Allemagne fédérale, « Les nouveaux esclaves de l'Europe » : Munich est le centre de triage des immigrés turcs qui viennent travailler en Allemagne. Ce centre est situé à l'intérieur d'un vieux bunker dans la gare. (Photo Gilles Peress, Magnum)
2
Une gare parisienne 1978 : l'attente et l'ennui. (Photo C. Louis)
3
Gare de Cologne, Allemagne fédérale : travailleurs turcs retournant chez eux pour les vacances. Dans le mouvement des mains tendues, l'éternité d'un rituel universel. (Photo L. Freed, Magnum)

« Avez-vous déjà observé des gens qui tuent le temps dans une gare ? Ne dirait-on pas des anges morfondus, aux pieds plats et sans cambrure et aux ventres distendus ? Ces courtes minutes éternelles pendant lesquelles ils sont condamnés à rester seuls avec eux-mêmes, cela ne leur met-il pas des baleines de parapluie aux ailes ? »
Henry Miller

2

3

1
« L'adieu au soldat », gare de Milan, années 1960. (Photo Bruno Barbey, Magnum)
2
Entrée de la gare mortuaire de Londres, vers 1850.
Située à côté de Waterloo Station, cette gare était spécialement conçue pour remplir des fonctions mortuaires; gérée par une compagnie privée, la London Necropolis Company, elle était reliée par un chemin de fer spécial à la vaste nécropole de Woking, à 40 km de Londres. (Photo NRM)

En France, à l'initiative d'Haussmann, de multiples projets de gares mortuaires furent étudiés, et tous rejetés par le Conseil municipal de Paris.
Ils n'en révèlent pas moins un usage étonnant du chemin de fer, lié à des préoccupations hygiénistes et urbanistiques. Il s'agissait de repousser les cimetières au-delà de la ceinture parisienne, en créant hors de la ville une immense nécropole, reliée à la capitale par un réseau ferré spécial.
Des gares funéraires auraient été les têtes de ligne du chemin de fer spécial transportant à Méry-sur-Oise les convois funèbres et les visiteurs.
Les gares et les wagons respectaient cette sacro-sainte institution du ferroviaire : la division en classes-services, salles d'attentes, ou salons, compartiments différenciés de la première à la troisième classe, séparant le mort riche du mort pauvre et leurs familles.

« Gueule de métal sombre où baille la cité, la gare formidable et volcanique, absorbe les peuples, engouffrant leur exode en ses portes ouvertes sur l'immensité. »
Georges Pioch, « Gare » *in : Instants de ville,* 1898.

1

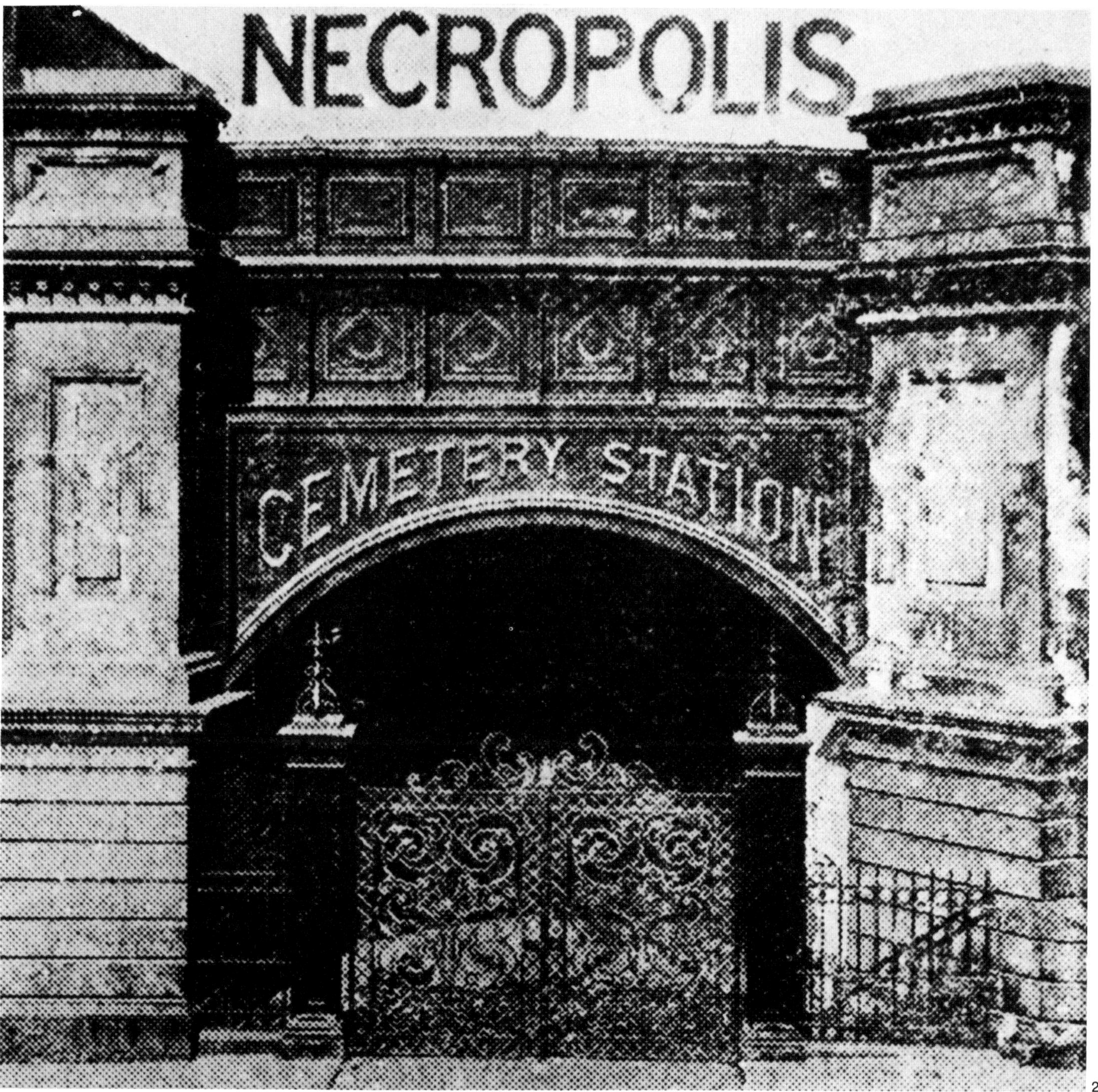

2

HET VOLK
HAHN
GANSCH HET RADERWERK STAAT STIL
ALS UW MACHTIGE ARM HET WIL....

LA GARE: LIEU D'ORDRE ET DE DISCIPLINE

Le culte de l'exactitude est né avec le ferroviaire qui le résume en deux mots : « Faire l'heure ». Avant que la rationalisation des horaires induite par le rail n'accélère le processus d'unification de l'heure à travers les territoires, deux temps règlent la vie quotidienne : l'heure locale, solaire, et l'heure « technologique » de la gare (heure unique de la plus grande ville). Cette dernière finira, souvent à des dates diverses, par s'imposer comme heure légale d'un pays.

Le chemin de fer introduit la notion de vitesse, le temps s'accélère, acquiert une valeur marchande, et s'exprime en unités de plus en plus petites (en secondes dans les services de banlieue de Tokyo). Derrière la notion d'heures de pointe, se profile celle de cadences. La discipline de la gare relaie la discipline de l'usine ou du bureau, et c'est là que s'exprime le plus violemment l'emprise du temps cadencé de nos villes contemporaines.

L'organisation de l'entreprise-gare se constitue, au début, sur le modèle militaire. « Une série de mesures d'ordre » : autoritarisme hiérarchisé, mises à pied, renvois, mutations, amendes; jusqu'aux uniformes qui empruntent leurs attributs aux vêtements militaires. En retour, la gare est souvent la scène où se déploient les figures du refus et de la résistance, parfois spectaculaires des cheminots, aussitôt contrées par une occupation militaire de ce théâtre d'opérations.

Vouée à la circulation, au mouvement, aux masses, la gare se révèle être l'un des premiers espaces urbains contemporains où s'expérimentent les techniques de maîtrise des foules; unique lieu public où les divisions sociales sont institutionnalisées et matérialisées par l'affectation de zones précises à occuper par chaque classe. Si cette hiérarchisation n'est plus guère respectée, quelque chose tient de la phobie du contact dans l'aseptisation des gares contemporaines. Les voyageurs, « ces éléments perturbateurs » et les intrus (vagabonds, quémandeurs,) sont soumis à une « police » qui réglemente accès et circulation. Une législation spécifique promulgue interdits et commandements, assortis de menaces d'amendes et de contraventions. Une mission de maintien de l'ordre incombe aux chefs de gare, assistés dès les années 1840, d'une Police des gares, avec statuts et emblèmes spécifiques, qui officie sur le territoire de celles-ci.

L'encadrement des usagers se prolonge par la répartition des flux : individus et véhicules. Les problèmes posés par les « pointes » du trafic suscitent des efforts frénétiques pour rationaliser la circulation sur un territoire qui « éclate », coercitions spatiales qui fondent un terrain d'expérimentation des problèmes de circulation dans les villes. Agglomération d'individus auxquels il faut fixer une place, la gare n'échappe pas à la tentation du mélange. Source de contamination possible et milieu pathogène pour certaines catégories plus « exposées » : les enfants, les femmes. Des « Associations de protection » s'attachent, dès 1877, à prémunir ces dernières contre ce danger ultime : l'homme et les rackets de la prostitution. « Missions de gares », dames de l'Œuvre, munies d'un arsenal de prévention morale (« Votre place n'est-elle pas au foyer » ?) et de propagande, quadrillent la circulation de la voyageuse qui se risque seule. Ces institutions se maintiennent en se transformant. « L'accueil en gare » à Lyon-Perrache (France) reçoit en 1977 plus de mille jeunes femmes par an : jeunes filles en fugue, femmes au sortir d'hôpital ou de prison, femmes battues...

Carrefour stratégique de l'ordre et de la moralité publique par la place unique qu'elle occupe, premier lieu ouvert sur la ville, la gare s'est, en retour, constituée comme lieu de permissivité. Espace public où viennent se répandre les intimités. Le thème des amours éternelles ou passagères y a trouvé des développements innombrables, élevés au rang de mythes par la littérature et le cinéma. Complétant l'atmosphère de cet univers singulier, toute cette « faune des gares », images de l'errance et du vagabondage, des petits trafics indéfinissables, de l'ennui, des mystères de la gare. Ressources inépuisables d'une mythologie qui fleurit malgré l'énergie dépensée depuis toujours par les directions des chemins de fer en initiatives éducatrices et hygiéniques.

Ci-contre : affiche hollandaise de propagande socialiste, 1903. Image classique de la propagande syndicale : un prolétaire colossal, enraye tout le fonctionnement de la machine par cette arme ultime, la grève. (Photo AMA)

Une « heure de la gare » a longtemps coexisté avec l'heure locale, solaire donnée par l'église ou la mairie.
En 1882, aux États-Unis, une centaine d'heures locales s'ajoutent aux heures des gares des grandes villes importantes desservies par les réseaux. En France, avant l'adoption de l'heure légale de Paris, en 1891, il y a 20 à 25 minutes de différence entre les heures locales de deux villes situées à l'extrême est ou à l'extrême ouest du territoire et celle de Paris, adoptée comme heure ferroviaire unique.

1
« Le point de vue du client », bulletin du PLM, 28 juillet 1933. Le culte de l'exactitude né avec le ferroviaire résume la mission du cheminot en deux mots : « faire l'heure ».
2
« Railway time », vers 1850. (Photo NRM)
3
Image rituelle de cette religion de « l'heure exacte » : employé des chemins de fer britanniques préposé au réglage des horloges. (Photo NRM)
4
La gare de Pennsylvanie à New York. C'est encore dans la gare que s'exprime le mieux l'emprise du temps dans les villes contemporaines : derrière la notion d'« heures de pointe », celle de cadences et de rendement. (Photo USIS)

Archétype architectural, à la fois fonctionnel et symbolique, la tour de la gare, ponctuée d'horloges, a connu de multiples variantes.

5
Tour de la gare d'Helsinki, 1910-1914; E. Saarinen, architecte. (Photo Musée finlandais d'architecture)

« Il y a même une heure du chemin de fer suivie par les pendules comme si le soleil lui-même avait cédé. »
Ch. Dickens, 1848 (à propos du quartier de la gare de Charing Cross à Londres).

« Contrairement aux coupoles et aux tourelles à créneaux, la tour se justifie. C'est elle qui signale au loin l'emplacement de la gare. N'oublions pas que son rôle n'est plus de porter un guetteur mais de tendre à la vue de tous cette collaboration fidèle des horaires : l'horloge. »
Victor Bourgeois, architecte, 1952.

1

W. AVISON
RAILWAY TIME
YORK

2

NOTTINGHAM, SHEFFIELD, PENISTONE,
MANCHESTER, HUDDERSFIELD, HALIFAX & BRADFORD
THE NEXT TRAIN WILL DEPART AT
STATIONS TO BRACKLEY

EASTERN STANDARD TIME
DOWN STAIRS FOR
INCOMING
TRAINS
INCOMING TRAINS

4

5

1
Projet présenté à un concours d'affiches, France, 1944. La notion de « service public », vivace dans certains pays, fait de l'obéissance et du respect des supérieurs une vertu. La nécessaire « bonne moralité » du cheminot complète les obligations de la discipline.
2
Personnel de la gare du Sud, Stockholm, Suède, vers 1900. Même la pose pour l'éternité respecte les niveaux de la hiérarchie pyramidale qui constitue l'organisation de la gare.
(Photo Musée des Chemins de fer suédois)
3
La grande grève des cheminots américains, 1877. La gare est souvent la scène choisie par les cheminots pour exprimer le refus d'une exploitation. Ici, incendie du dépôt et de l'hôtel de la gare à Pittsburgh par les grévistes.
(Photo Library of Congress).
4
Siège du « Dopo Lavoro Ferroviario »à Rome : entrée du théâtre, vers 1930. En Italie, sous Mussolini, cette institution prend en charge les loisirs des cheminots, prolongeant par là-même, de manière insidieuse, le dispositif qui les contrôle. (Photo FS)
5
Uniformes du personnel du chemin de fer de Saint-Germain et Versailles, vers 1840. Les uniformes empruntent leurs attributs aux vêtements militaires; des prescriptions générales sur le port et la tenue complètent de manière stricte les obligations des agents en service. Les chefs de gares eurent même droit, pendant un temps, dans différents pays, au port du sabre. (Photo VDR)

« Il faut des actes et non des paroles : d'un geste et d'un souffle, on peut renverser les compagnies et s'il le faut, on montera à l'assaut de la gare Saint-Lazare ».
Prades, Secrétaire général de la chambre syndicale des cheminots français, 1893.

« ... Le cauchemar de la saturnale : les gares vides. Les 250 000 agents dispersés, les wagons abandonnés en désordre, les locomotives dormant et se rouillant, épaves de désastre, la stupeur de la France, un matin se réveillant, apprenant que l'ennemi a franchi ses frontières ».
Évocation d'un lendemain de grève des cheminots par le ministre français Jules Roche; *Le Figaro,* 16 octobre 1898.

« La première gare bulgare fut une leçon de matérialisme ferroviaire. Arrêt très bref, deux vieillards pulvérisent des désinfectants sur les portières. Quels miasmes titistes étaient donc à craindre ? On apercevait dans les bâtiments les tableaux d'honneur portant les noms des ouvriers méritants, étiquettes blanches sur fond rouge — et un immense panneau donnait à tous de quoi rêver sur le socialisme — la vraie vie était là, peinte en deux scènes : un enfant jouant de l'accordéon et une voiture roulant devant une HLM. L'espoir... »
J.-F. Fogel, « Le dernier voyage de l'Orient-Express », *Libération,* 20 mai 1977.

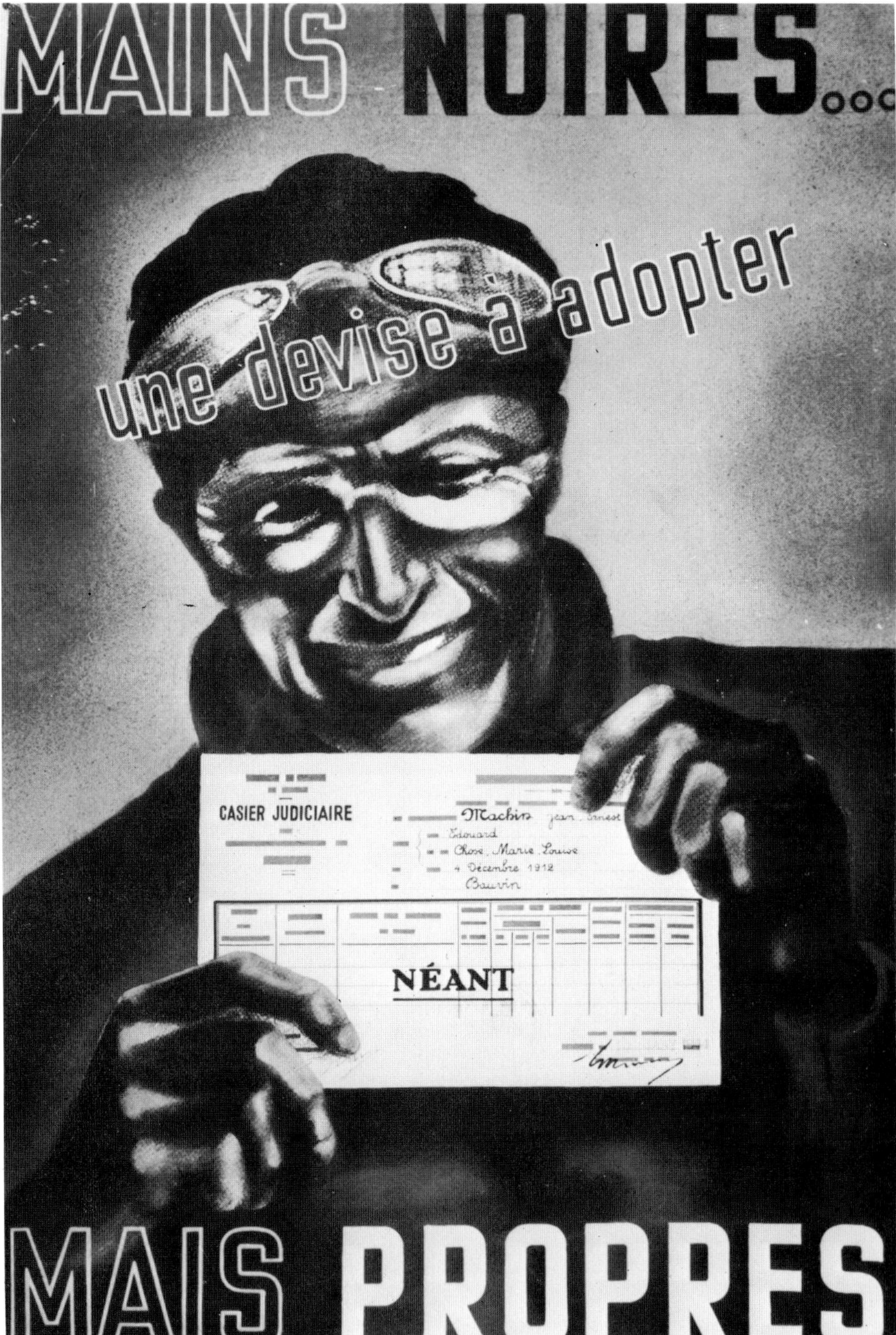

1

2

5

3

4

1
Mirador de la gare Saint-Lazare à Paris. Poste d'observation essentiel pour maîtriser les flux et reflux des multitudes en mouvement dans une gare qui accueille 300 000 voyageurs par jour. (Photo Doisneau, Rapho)
2
Caricature, 1884 : le traitement réservé aux voyageurs dans les gares suivant leurs origines sociales. (Photo RENFE)
3
Couverture de roman interdite à la diffusion dans les bibliothèques de gares du réseau d'Orléans, comme « contraire aux bonnes mœurs ». Le député sénateur Bérenger, à l'origine de toute une juridiction de répression morale en France, aux alentours de 1900, avait été surnommé le « Père-la-pudeur ». (Photo Bouchart, CCI)
4
L'envers du décor en 1978 : « *ces lieux merveilleux d'où l'on part pour une destination éloignée sont aussi des lieux tragiques* ». M. Proust, *A la recherche du temps perdu.* (Photo Maïofiss)
5
« Bengal-Express », 1910 : quinze minutes d'arrêt, le coiffeur sur les quais rase les passagers. (Photo Almasy)
6
Mythes et réalités du Tiers monde : un train pris d'assaut, ligne Lagos-Kano, Nigéria. (Photo Almasy)

« Ne vous avisez pas de vous endormir dans une des salles d'attente ! Des agents de police guettent l'instant où le sommeil vous prendra. Je les ai vus secouer des voyageurs qui n'avaient eu que le tort de s'assoupir. Interdit de rêver à Montparnasse ! [...]
Si l'on pense au nombre de personnes qui passent dans cette gare, qui s'y attendent, qui s'y retrouvent, qui s'y rencontrent et qui se quittent là, ne peut-on pas imaginer que cela aurait pu être le forum idéal ? »
in : Le Quotidien de Paris, 14 janvier 1976.

1

2

3

4

6

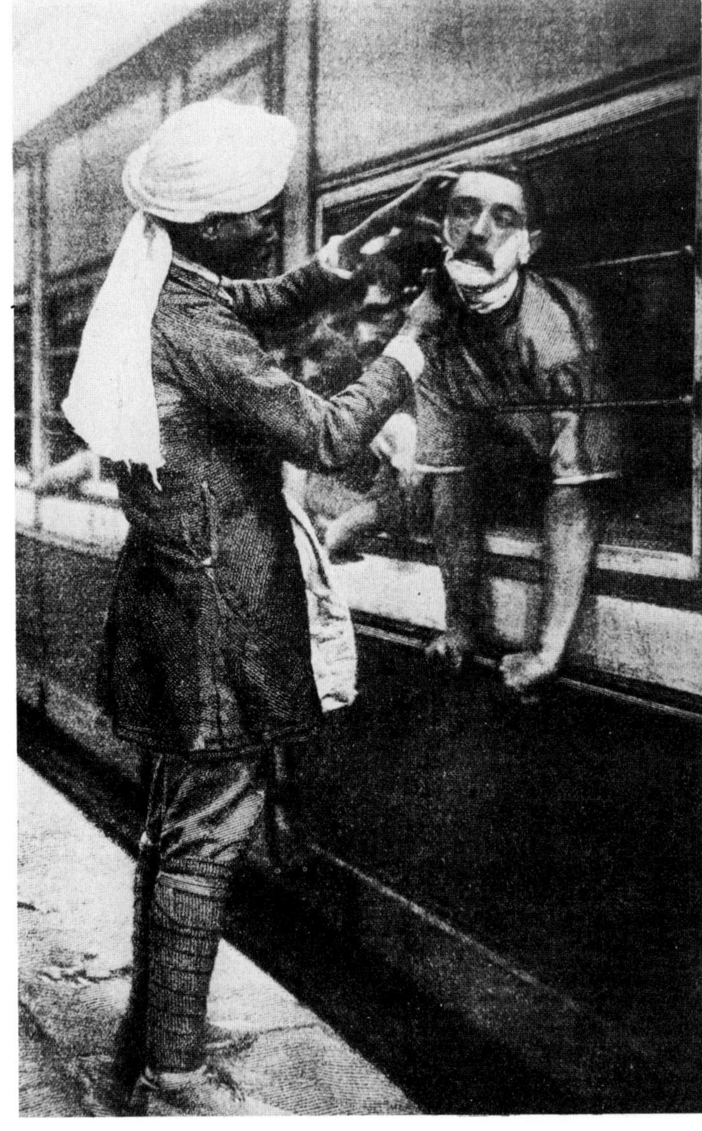

5

LA GARE: ESPACE STRATEGIQUE

Les gares furent, à l'origine, implantées à la périphérie des villes pour répondre à la stratégie militaire des places fortes; l'arrivée du chemin de fer au cœur de nombreuses cités, impliquant alors l'ouverture des fortifications urbaines, la continuité défensive fut, pour peu de temps, préférée à la continuité de déplacement.

Toutefois, les militaires comprennent très tôt le potentiel stratégique offert par ce nouveau mode de transport. La guerre de Sécession aux États-Unis (1861-1865) et, en Europe, la guerre des Duchés (1864), en sont les premières confirmations. En France, après les désordres de la mobilisation de 1870, le ministère de la Guerre édicte une série de textes réglementant l'organisation des chemins de fer en temps de guerre. En 1913, sous l'autorité d'un commandement mixte (militaires et personnels des Compagnies réquisitionnés) est mise au point une organisation détaillée des gares à des fins spécifiquement stratégiques : gares régulatrices, gares de mobilisation, gares-dépôts, gares distributrices, gares d'évacuation sanitaire, gares de permissionnaires... Les gares régulatrices, dont les potentialités et les limites seront expérimentées pendant la guerre de 1914, constituent des sortes de « centres nerveux » qui reçoivent et répartissent les troupes vers le front. Même en temps de paix, cette organisation se maintient en partie, dirigée par un commandant choisi parmi les ingénieurs des Compagnies.

Lors de la Seconde Guerre mondiale, l'extension du théâtre des opérations et l'augmentation de la puissance de feu ont contribué à accroître l'importance du rail. En retour, la mise en œuvre de l'arme aérienne va paralyser l'action opérationnelle du chemin de fer, transformant les gares et les nœuds ferroviaires en objectifs privilégiés des bombardements. La carte de France montrant l'état des stations à la Libération est éloquente : les deux tiers d'entre elles ont été détruites.

Nœuds d'articulation de tout un ensemble stratégique, c'est dans les gares que se jouent ces scènes universelles qui ressurgissent à chaque confrontation guerrière. Une symbolique des états de guerre vient s'y cristalliser. Images répétitives et symétriques de nation à nation qui s'affrontent. C'est sur les quais de gares, aux fenêtres des trains de mobilisés, que se fige le sourire des « troufions » confiants dans l'issue d'une guerre « fraîche et joyeuse ». Tracées à la craie sur les wagons, seules les destinations vengeresses sont différentes : « à Paris ! » crient les uns, « à Berlin ! » répondent les autres. Tandis que derrière cette mascarade de la virilité guerrière se fixe, dans les regards et les gestes d'adieu, la représentation de l'éternelle attente des femmes.
Et plus tard, ces mêmes quais verront repasser ces mêmes hommes, blessés ou morts; ces mêmes quais où s'entasseront les prisonniers adverses envoyés en déportation; ces mêmes quais submergés par les flots humains porteurs d'un misérable bagage et fuyant l'avance ennemie; ces mêmes quais qui accueilleront vainqueurs et vaincus...

Même les temps de paix restent empreints du souvenir de cette charge symbolique qui s'étale sur le fronton de la gare de Waterloo, dans l'ornementation conquérante de la gare de Milan et conduit à attribuer la Légion d'honneur à la Gare de l'Est à Paris comme à un être vivant héroïque...
En 1978, d'autres soldats envahissent périodiquement la Gare de l'Est. Pour leur service militaire obligatoire, ils vont rejoindre les forces françaises stationnées en Allemagne ou reviennent en permission. Leur circulation est parfois ponctuée des manifestations de comités de soldats, trublions vite refoulés par la police. La vocation d'une gare, vieille de plus d'un siècle ne s'efface pas facilement...

Ci-contre : sur le quai d'une gare en Chine, conseillers militaires allemands auprès des Japonais, 1938. Présents en Chine depuis 1931, début de l'expansion japonaise, ils furent rapatriés à la demande des Japonais. (Photo Capa, Magnum)

1
Porte percée dans les fortifications d'Anvers, Belgique, pour faire pénétrer le chemin de fer. Extrait de *L'Émulation,* 1875. La crainte d'une invasion néerlandaise a retardé cette pénétration, en raison de la volonté des militaires de maintenir libre le champ d'action des batteries des forts de la ville, une des plus fortes places d'Europe. (Photo AAM)
2
Gare d'Adinkerke, Belgique. En haut, à gauche l'emprise de la gare rurale en 1914. Au milieu, les extensions spectaculaires de cette gare située sur la ligne Dunkerque-Dixmude, réalisées par les sections de chemins de fer de campagne de l'armée belge au cours des quatre années de stabilisation du front belge (1914-1918). (Photo Collection G. Neve)
3
Guerre civile américaine : siège de City Point, Virginia, États-Unis, juillet 1864. Première démonstration de l'importance accordée au rail par les militaires, et mise à l'épreuve de la nécessité de soustraire, en les sabotant, les ouvrages d'arts construits délibérément en bois. (Photo USIS)
4
Intensification des bombardements sur la gare de Vaires, région parisienne entre le 28 juin et le 18 juillet 1944. Ces bombardements aériens intensifs et répétés montrent l'intérêt qu'attachent les belligérants à détruire tous les nœuds stratégiques desservant le théâtre des opérations. (Photo CCI)

« Il résulte de tous les débats concernant les multiples localisations de la gare dans la ville de Luxembourg que le caractère de cette cité comme forteresse occupée par une puissance étrangère (qui n'avait en vue que la valeur stratégique de ses fortifications) constituait un obstacle très grave aux projets des Luxembourgeois qui voulaient faire de leur capitale un pivot de communications [...] Les militaires prussiens proposèrent un long détour pour cette communication [...] Sur leur ordre formel le bâtiment fut construit en bois (1858). »
Extrait des *Cahiers luxembourgeois,* 1953.

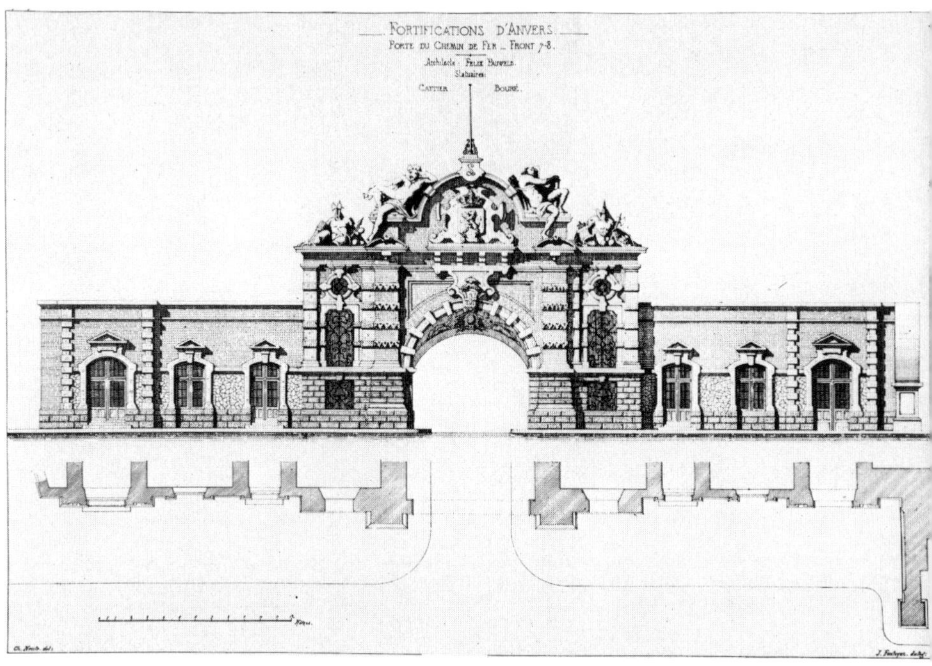

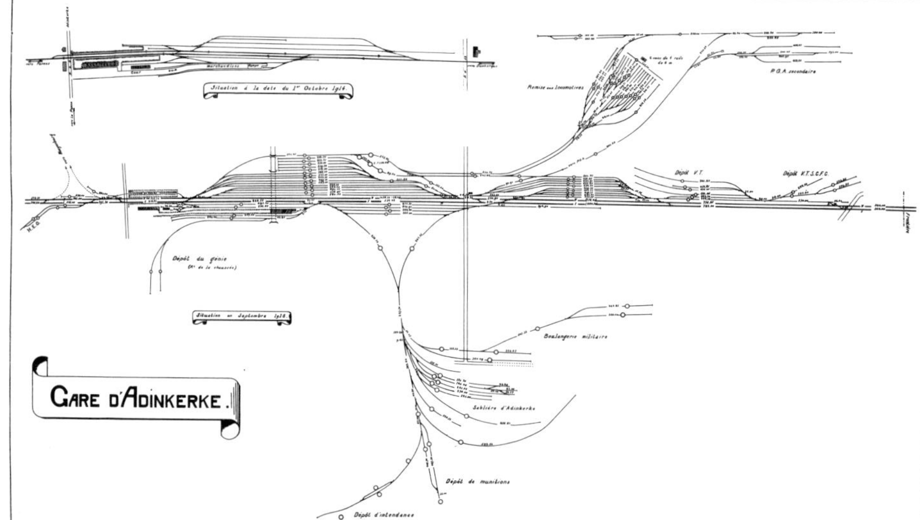

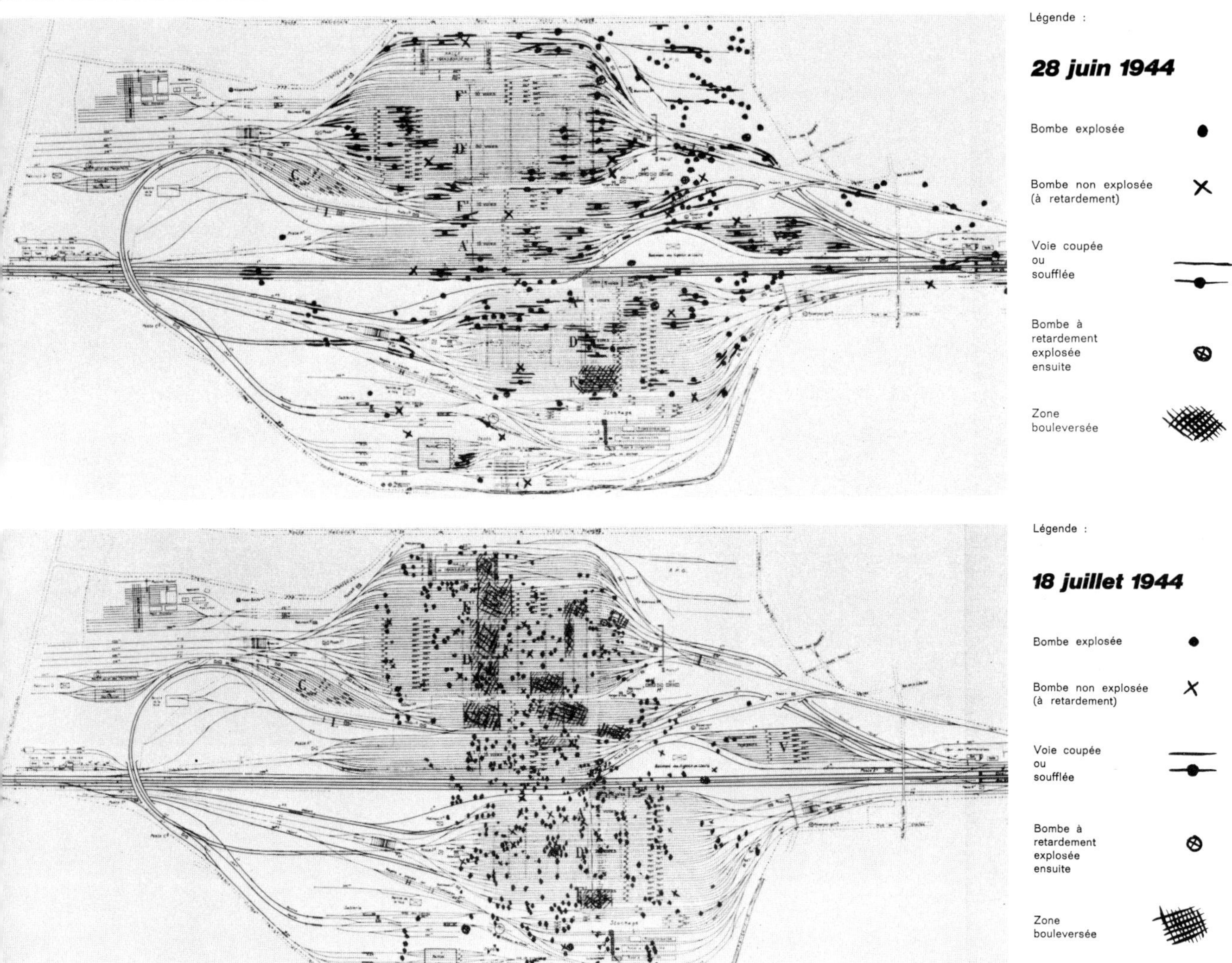
Légende :
28 juin 1944
Bombe explosée
Bombe non explosée (à retardement)
Voie coupée ou soufflée
Bombe à retardement explosée ensuite
Zone bouleversée
Légende :
18 juillet 1944
Bombe explosée
Bombe non explosée (à retardement)
Voie coupée ou soufflée
Bombe à retardement explosée ensuite
Zone bouleversée
4

1
Gare d'Orléans, pendant le siège de Paris. Pour assurer la défense de Paris (1870) les dépôts furent transformés en ateliers de fabrication d'aérostats et en moulins à blé. (Doc. Musée Carnavalet, photo CCI)
2
Ateliers de chaudronnerie dans une gare de Paris, 14 avril 1917. Les femmes mobilisées dans tous les secteurs de la production assurent le nettoyage et l'entretien du matériel, fabriquent des obus, tandis que les hommes sont sur le front. (Photo SNCF)
3
Passage d'Américains dans une gare de la banlieue parisienne (1914-1918) : rituel des périodes de guerre et division des rôles. Image masculine : l'héroïsme guerrier; image féminine : l'encouragement, l'attente, le veuvage... (Photo USIS)
4-5
Guerre de 14-18 : mobilisation de soldats allemands/mobilisation de soldats français : similitude et symétrie parfaite des comportements dans deux camps opposés. « Tous chantaient en partant pour la guerre. « A bientôt », criaient-ils et beaucoup s'en allaient pour quatre ans. A la craie sur leur wagon ils avaient tracé : « train de plaisir pour Berlin ». (Photos Musée historique de Francfort et René Dazy)
6
Hitler accueilli par la foule lors de son passage en gare de Wilhelmshaven, Allemagne, en février 1936 : charisme du chef et adhésion d'une foule en majorité féminine. Hitler disait : « En politique il faut avoir l'appui des femmes, les hommes suivront tout seuls ». Le principe n'allait pas tarder à se vérifier... (Photo CCI)
7
Derrière le masque de la virilité héroïque, le déchirement du départ et la perspective de la si longue attente. (Photo CCI)

« Y'avait des militaires à ne savoir qu'en faire [...]
Y'avait deux trois civils, un papa, deux mamans
Qui séchaient leurs beaux yeux tout pleins de larmes fières [...]
Y'avait la nuit sereine au-dessus des wagons,
La loco émotive était prête au départ,
La victoire éclatait dans les yeux des troufions :
Peut-être le bonheur n'est-il que dans les gares ? »
Georges Pérec, *Quel petit vélo à guidon chromé au fond de la cour ?,* 1966

« La bien aimée sur le marchepied du wagon
Au poignet qui passe, elle attache le fil de son cœur enroulé.
Lorsque le train part, il dévide tout le cœur; la bien aimée meurt.
Elle morte, elle doit s'en aller de la gare, du monde vide. »
J. Cocteau, *L'adieu au fusilier marin,* 1918.

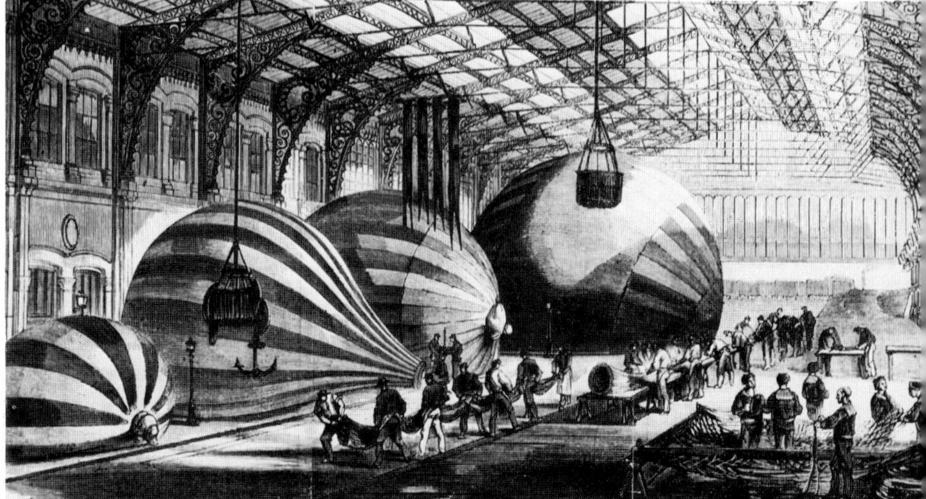

4

5

6

7

1-2-3
Persistance du thème et commémoration au fronton d'une gare dont le nom lui-même est le souvenir impérissable d'une bataille fameuse. (Photos Bouchart, CCI)
4
Retour des prisonniers, gare de Vienne, en 1945. Le retour d'un fils prodigue et l'angoisse d'une mère, dont le sien manque à l'appel. (Photo Ernst Haas, Magnum)

« La « honte » c'est évidemment pour Hitler la capitulation du 11 novembre 1918. Et vingt-deux ans plus tard, dans ce même wagon des « Grands Express Européens », [...] le général Huntziger, chef de la délégation française, hésite quelques secondes avant de s'asseoir « du bout des fesses » dans le fauteuil de Foch [...] C'est dans le cadre de cette « action psychologique » qu'il faut classer le choix de la ville de Compiègne comme gare frontière de la « Relève » et triage des grandes déportations.
Christian Bernadac, *Le train de la mort,* 1970.

« La gare de l'Est est la seule où je ne m'attarde pas volontiers. Il me semble qu'un adjudant-flic, rétrospectivement coiffé d'un képi rouge va soudain m'enjoindre de présenter mon titre d'ennemi des héros de la grande guerre, va me diriger vers une régulatrice du front. C'est idiot, mais dans cette gare sévère et disciplinée, j'ai toujours l'impression que je vais m'embarquer pour la frontière dans un wagon à bestiaux, afin de remettre ça dans la prochaine dernière ».
Roger Allard, *Voilà,* 3 mars 1934.

1

2

3

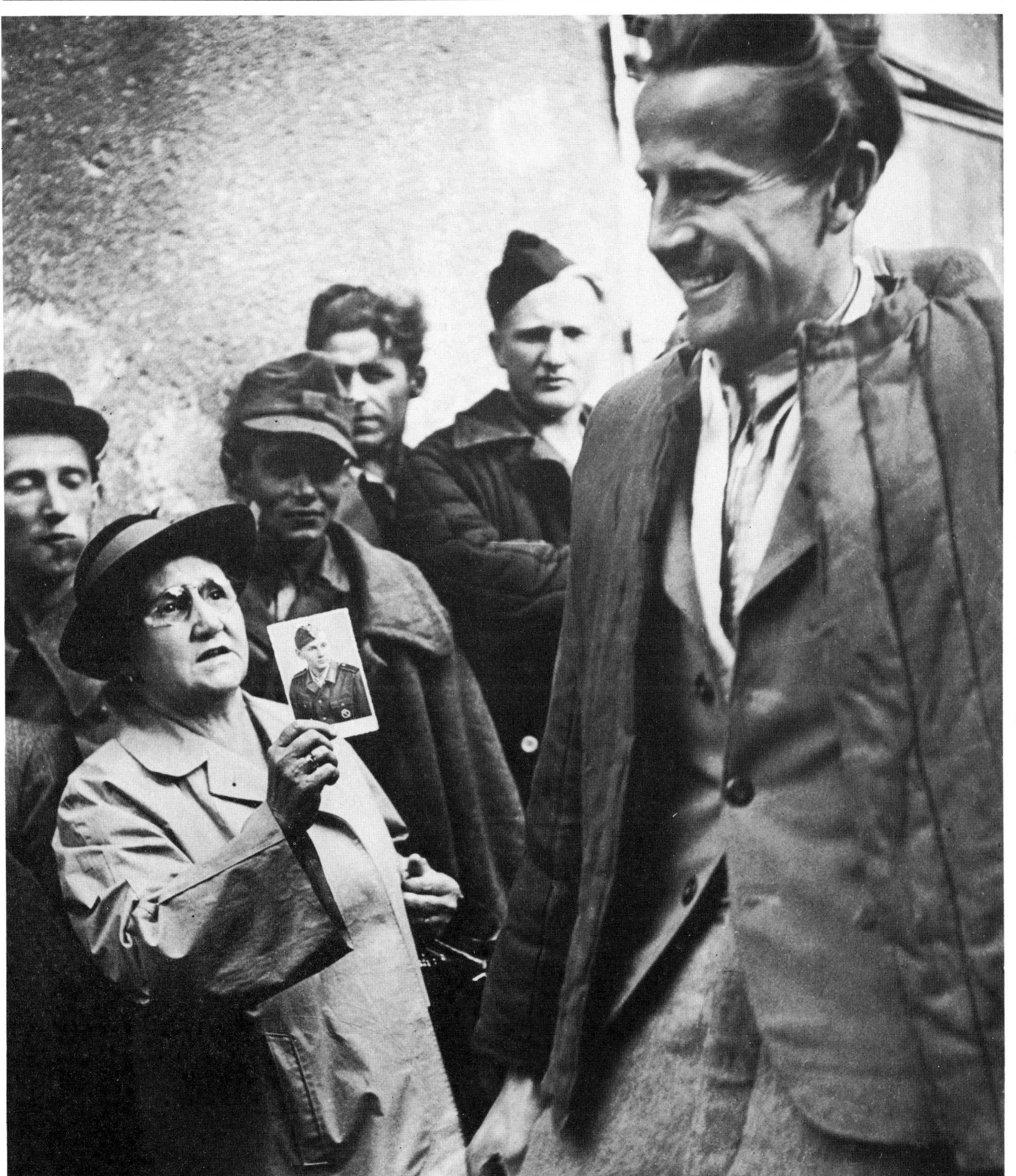

Mardi nuageux

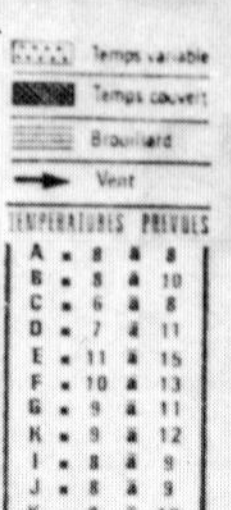

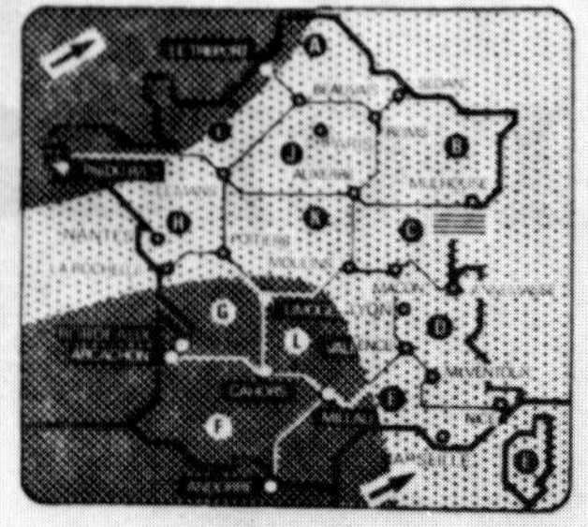

Temps variable
Temps couvert
Brouillard
Vent

TEMPÉRATURES PRÉVUES

A	■	8	à	8
B	■	8	à	10
C	■	6	à	8
D	■	7	à	11
E	■	11	à	15
F	■	10	à	13
G	■	9	à	11
K	■	9	à	12
I	■	8	à	9
J	■	8	à	9
K	■	8	à	10
L	■	7	à	11

France-Soir

Allémagne 1 DM ● Angleterre 20 pence ● Belgique 12 F belges ● Espagne 35 pesetas ● Italie 350 lires ● Luxembourg 12 F luxemb. ● Pays-Bas 1,25 florin ● Suisse 0,90 F suisse ● Maroc 1,60 dirham ● Tunisie 120 mil. ● U.S.A. 70 cents ● Canada 75 cents

Paris, mardi 27 décembre 1977
100, rue Réaumur, 75002 — 508.28.00 **1 F 40** *BTD*

bourse courses **toute dernière**

Des autonomistes corses avaient dit: «Nous porterons la violence sur le continent»

La gare de Villepinte plastiquée à l'aube

Le F.L.N.C. revendique également la destruction de la villa du député Griotteray, près de Bastia

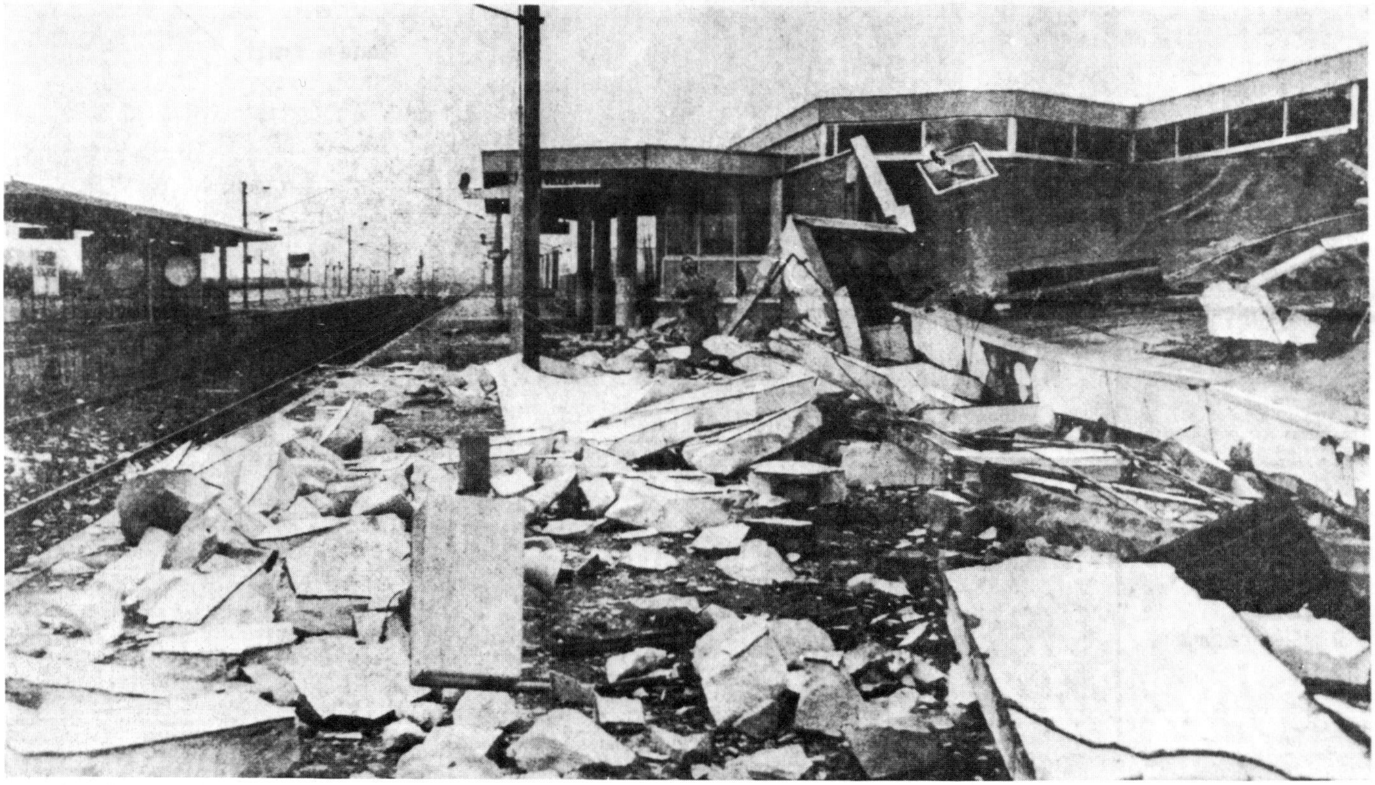

LA GARE: ENJEU POLITIQUE

Ci-contre : la gare de Villepinte, dans la Région parisienne, a été choisie comme cible des plasticages des autonomistes corses qui dénoncent le « colonialisme » de l'État français.

Le chemin de fer, trait d'union, et symbole de la fraternité universelle. Cette vision idyllique et quelque peu innocente de ses premiers partisans ne masque pas longtemps l'attrait décisif du rail : il mobilise et fait fructifier une énorme masse de capitaux. Les banquiers le comprennent très tôt en fondant les premières Compagnies, futurs groupes de décision et de pression du capital. Une philosophie de conquête à la recherche du profit se met en place, qui modifie les territoires productifs.

Dans les pays neufs (États-Unis, Russie), le passage du rail et l'installation de la gare font surgir les villes. En Europe, l'implantation d'une gare transforme les cités en centres moteurs d'une région, carrefours où se concentrent pouvoir et production, suivant la logique nouvelle du capitalisme. En France, une partie des voies secondaires sont construites pour des motivations d'ordre directement politique : « chemins de fer électoraux », confortant le pouvoir de Napoléon III auprès des notables locaux et gares du plan Freycinet de 1879 acheminant l'idéal de la Troisième République jusque dans les chefs-lieux de canton.

Dans les grandes villes, l'emplacement, la nature ou la desserte des gares entrent dans un dispositif de contrôle de la cité qui se double d'une mise en scène, transposition architecturale de l'image du pouvoir. Dans le cadre de « l'embellissement stratégique » de Paris, Haussmann s'efforça, par une série de percées, de doter les gares, implantées en périphérie, d'un système d'écoulement vers les centres d'activité.

Dans l'ampleur délirante du projet d'urbanisme pour Berlin, confié par Hitler à Speer, en 1937, deux gares centrales forment les pivots d'une immense avenue d'apparat et ne valent, aux yeux d'Hitler, que par le gigantisme ostentatoire et le spectacle urbain qui se découvre dans leur perspective, destiné à subjuguer les hôtes officiels et les voyageurs. Tandis que, derrière le rictus de l'apparat totalitaire, se figent, obsédantes, les images des Juifs groupés sur des quais avant d'être expédiés vers les camps d'extermination : « gares » d'un triage final...

Les décisions au sommet de bouleverser les paysages urbains ont en retour suscité affrontements et polémiques, et fait des gares des pôles de luttes pour un « urbanisme démocratique » : à Bruxelles, autour de la jonction nord-midi; à New York autour de Grand Central Station.

Au-delà des enjeux politiques qui s'y greffent, leurs aptitudes et leurs situations confirment les gares comme carrefours privilégiés de la contestation et de la propagande idéologique. Points de rassemblement des énergies militantes, sur les trajets des trains d'*agit-prop* dans une URSS qui construit le socialisme. Lieux de harangues sur les parcours électoraux des candidats américains. Gare de Villepinte, symbole du « colonialisme français », plastiquée par les autonomistes corses en 1977. Si, au XIXe siècle, les messages glorieux d'une société industrielle qui s'affirme, se superposent sur les monuments-gares inaugurés en grande pompe par les autorités politiques et religieuses, les pouvoirs qui se succèdent, ne cessent d'y imprimer la certitude de leur suprématie : qu'elles signifient l'expansionnisme territorial des puissances occidentales qui édifient des bâtiments immortalisant, comme la gare de Bombay en Inde, une occupation coloniale; qu'elles s'impriment, comme la gare de Metz en France, des traces de la germanité imposée par l'annexion de l'Alsace-Lorraine par l'empire allemand; qu'elles symbolisent, comme la gare de Kazan, « porte de Moscou », véritable patchwork de styles nationaux différents, la réunion par l'État soviétique des nationalités; qu'elles mêlent, comme la gare de Milan, les emblèmes fascistes, les références à l'empire romain et les allégories glorifiant la force et le combat.

Vers 1830, le chemin de fer ne semble guère appelé à un grand avenir. Certaines villes refusent le passage de la voie de fer et l'installation d'une gare de transit. Des banquiers comprennent les premiers l'importance décisive du rail et financent les premiers tronçons qui se constituent, sans plan d'ensemble, dès 1835-1840 en Angleterre, en Belgique, aux Etats-Unis, en Allemagne, en France. Le chemin de fer accélère la révolution industrielle. Le rail entre dans les stratégies politiques qui commandent l'emplacement des gares, ces pivots d'articulation du système ferroviaire. Elles deviennent des enjeux fondamentaux de la maîtrise des territoires et des stratégies urbaines. Dans les grandes villes, les projets d'urbanisme autour des gares suscitent polémiques et conflits, dont l'histoire de la jonction des gares du Midi et du Nord à Bruxelles est un des témoignages les plus récents.

1

2

3

1
Affiche de 1839 annonçant le danger imminent du passage du chemin de fer à travers Philadelphie. Dénonciation des dangers mortels que véhicule ce monstre de fer et refus de se soumettre à la toute-puissance de la grande ville dont le rail asseoit le pouvoir. Véritable « appel au peuple » pour qu'il refuse que sa cité devienne une banlieue de New York. (Photo Union Pacific Railroad Museum)

2
Caricature anglaise symbolisant le refus de l'installation d'une gare à Oxford : dans ce geste de répulsion du très aristocratique universitaire pour le cheminot, le rejet symbolique de l'intrusion du rail mais aussi d'une population ouvrière. (Photo NRM)

3
Caricature américaine, 1882. Les « rois du chemin de fer » de l'époque se partagent les concessions sur la presqu'île de Manhattan à New York : le rail comme arme décisive du capitalisme. (Photo CCI)

4-5
Les abords de la gare centrale à Bruxelles, Belgique. Après la saignée opérée à travers toute la ville pour ouvrir en 1952 la jonction ferroviaire entre la gare du Nord et celle du Midi, le centre de Bruxelles reste éventré; on a pompeusement appelé « place de l'Europe » ce qui n'est — autour de la gare et depuis plus d'un quart de siècle — qu'un amalgame informe de terrains vagues et de parkings sauvages.
Pour colmater cette brèche dans la ville, pour tenter de ré-investir ce quartier sinistré, pour promouvoir son repeuplement par les classes sociales qui ont été expulsées du centre urbain, l'Atelier de Recherche et d'Action Urbaine, qui milite en faveur d'une démocratisation de l'urbanisme, a proposé en 1976 ce projet d'aménagement des abords de la gare centrale de Bruxelles. (Photo AAM)

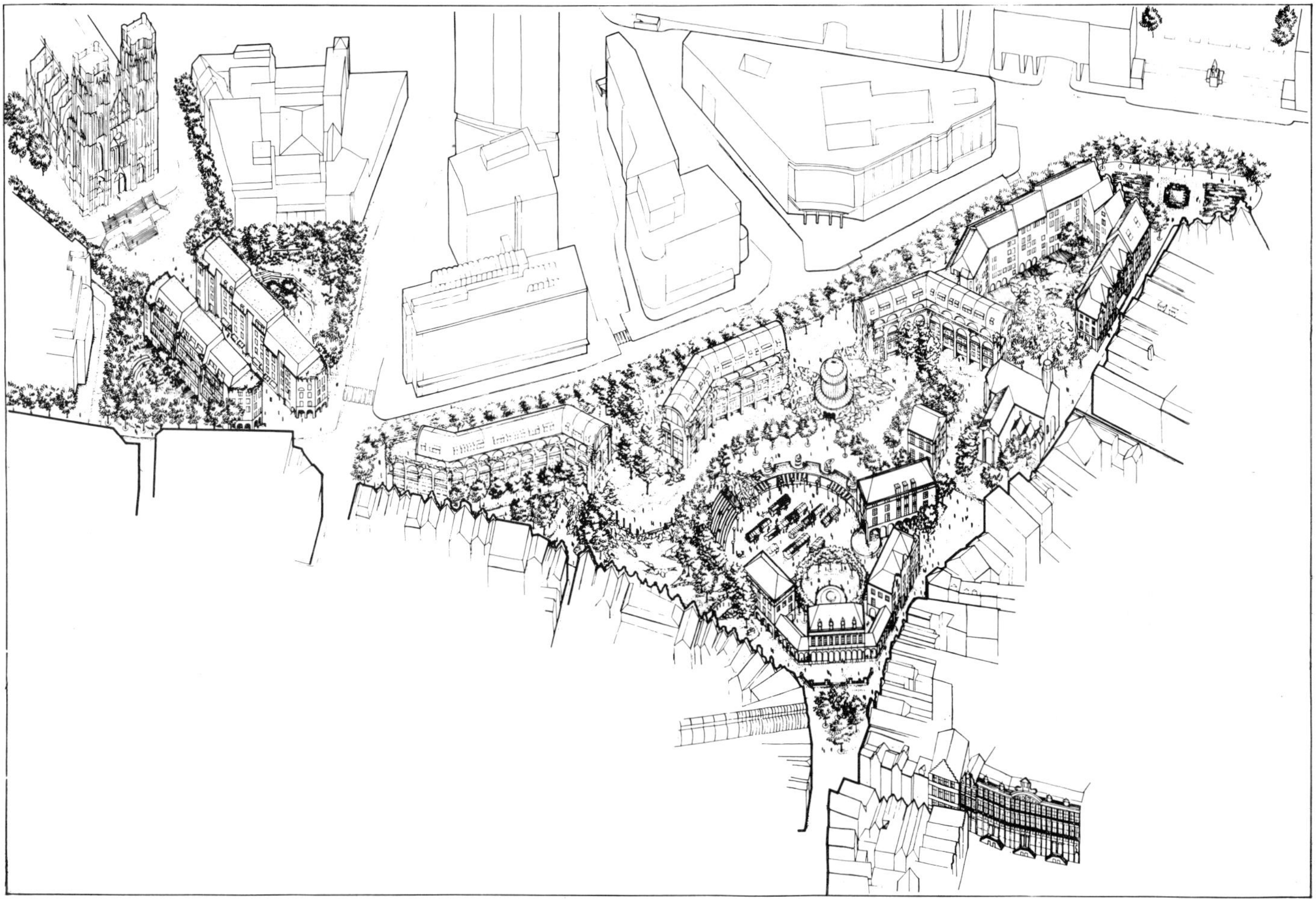

4

5

Monument phare dans les villes, brassant des masses en mouvement, la gare se fait support ou forum des manifestations culturelles, des mouvements d'idées qui agitent les sociétés en crise ou en gestation.

1
Ornementation de la façade d'une gare italienne. Le bâtiment public s'imprime des marques de la certitude autoritaire du chef qui détient la vérité : « Mussolini a toujours raison ». (Photo FS)
2
Wagon d'un train *d'Agit-prop*, URSS, 1918-1920. Temps de froid, de famine, de guerre civile. La révolution culturelle et artistique, composante de la révolution politique et sociale qui a secoué la vieille Russie, mobilise une avant-garde qui cherche à entraîner les masses par un immense travail d'agitation et de propagande, à participer à l'élaboration de la nouvelle société. Les trains de propagande sillonnent la Russie, parcourent les campagnes et remontent jusqu'aux fronts où l'armée rouge se bat contre les blancs et les troupes étrangères. Ils sont équipés de matériel d'imprimerie et de projection. (Photo Snark)

« Les peintres et les écrivains prendront sans tarder des pots de peinture et au moyen des pinceaux de leur art, ils enlumineront, couvriront de dessins les flancs, les fronts et les poitrines des villes, des gares et des troupeaux éternellement fuyants des wagons. »
Maïakovski, décret n° 1 sur la démocratisation de l'art, 1918.

3
Gare de Springfield, Illinois, Etats-Unis, 1861. Discours du Président Lincoln à ses concitoyens. Image historique de la désormais classique tournée électorale des candidats américains. Ni la radio, ni la télévision n'ont réussi à détrôner complètement cette pratique de pérégrinations de gare en gare, assorties de « bains de foule », pour solliciter les votes des citoyens. (Photo USIS)

1

АГИТАЦИОННО-ИНСТРУКТОРСКИЙ ПОЕЗД В.Ц.И.К.
СМЕРТЬ ЦАРСКИМ ГЕНЕРАЛАМ!
ЛИТЕРАТУРА

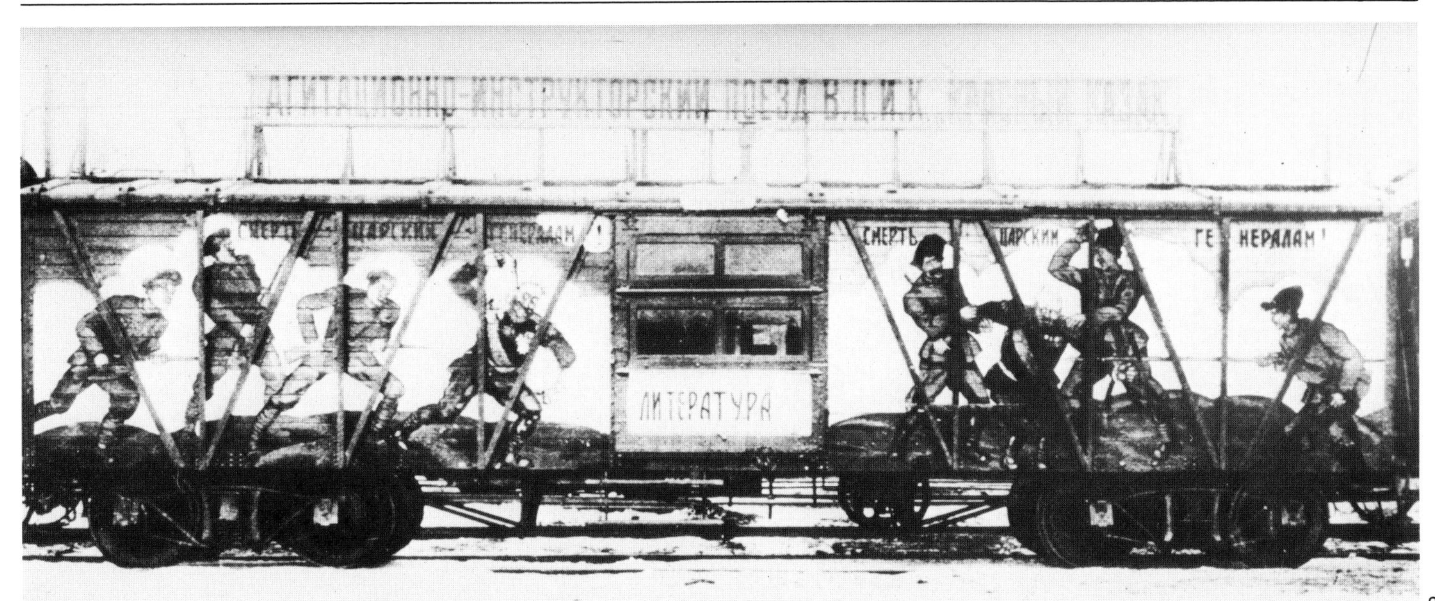

2

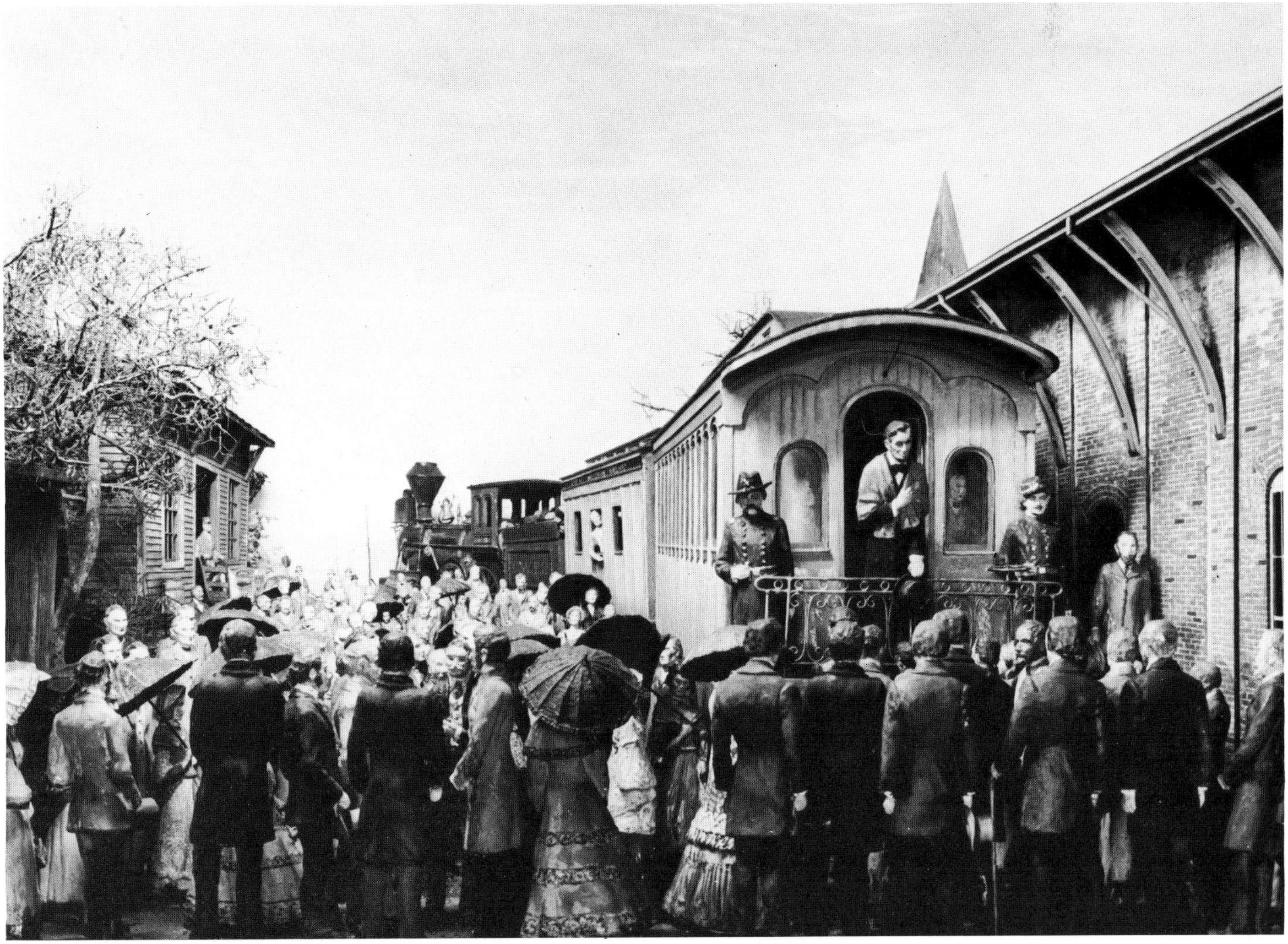

3

Aboutissement de la politique impérialiste des nations européennes, deux styles différents : exportation des références architecturales occidentales ou tentatives d'intégration des modèles locaux : deux faces d'une même domination, celle du colonialisme blanc sur l'Afrique noire.

1
Gare de Prétoria, Afrique du Sud, vers 1915. (Photo UIC)
2
Gare de Bobo-Dioulasso, République de Haute-Volta. (Photo Documentation Française).

Prélude à l'exorcisme pour un système totalitaire : ces images de quais de gare où sont regroupés les Juifs, avant d'être entassés dans des wagons à bestiaux qui les emmènent dans les camps de la mort. Et aussi le souvenir effacé de cette fausse gare, placée avant l'entrée du camp de Treblinka, simulant, en trompe-l'œil, une petite gare de province, avenante et fleurie pour masquer aux flots des déportés l'horreur de l'étape suivante : les chambres à gaz.
3
Les rails qui mènent au camp d'Auschwitz. (Photo Centre de Documentation juive contemporaine)
4
« Le triage final » : dessin de Willem extrait de l'album *Taisez-vous l'ennemi écoute,* 1976. (Photo CCI)
5
En attente de la mort sur un quai de gare. (Photo Centre de Documentation juive contemporaine)

« Entre-temps, Treblinka était devenu le grand centre de l'extermination. Des convois y arrivaient de toutes les villes de Pologne, du fin fond de la Russie et même de l'Allemagne [...] Kurt Franz décida de mettre le camp à la hauteur d'un tel dessein [...] il eut l'idée de transformer l'esplanade où arrivaient les convois en une fausse gare [...] « Lalka » poussa le souci du détail jusqu'à faire peindre deux portes menant aux salles d'attente, l'une de première classe, l'autre de seconde [...]
A côté de la caisse, un grand tableau annonçait les heures de départ des trains pour Varsovie, Bialystok, Wolkowice, etc. [...]
« Lalka » fit encore dessiner quelques parterres de fleurs qui donnèrent à l'ensemble un petit côté propre et joyeux [...]
Les fleurs, vraies elles, faisaient ressembler le décor à celui d'une jolie gare dans une petite ville de province. Tout était parfait et, cependant, il manquait encore quelque chose, un rien, un détail [...] « L'horloge ! dit-il soudain en se frappant le front. Évidemment, c'est ça ! Une gare sans horloge, ce n'est pas une gare. »
J.-F. Steiner, *Treblinka.*

1

2

3

4

5

LA GARE: TERRITOIRE MECONNU

La gare, en façade, c'est la ville; la place ou l'avenue « de la gare » avec leur agitation confuse de voitures, les hôtels aux noms rassurants des villes de provenance, les ordonnances architecturales et urbaines qui cherchent d'emblée à apprivoiser l'étranger.
Par contre, l'envers du décor, vaguement perçu par le voyageur pour avoir été parcouru lorsque le convoi ralentit son allure avant d'arriver à destination, c'est bien la « face cachée » de la gare : le ferroviaire et les quais. Mais au-delà de leurs limites étroites, tout accès est impossible au profane. C'est le domaine des voies; elles semblent s'interpénétrer en un hasardeux assemblage d'où surgissent pourtant, en flux et reflux constants, les lentes et majestueuses ordonnances des trains dirigés par d'invisibles guides. Ils sont tapis dans d'étranges architectures de fer et de verre qui bordent les faisceaux des rails : les cabines de contrôle. De là, des cheminots, chorégraphes infatigables, commandent les mouvements d'un ballet mécanique, les lumières qui, de jour et de nuit,donnent à d'autres cheminots les signaux d'entrée de leurs convois sur la scène de la gare.

Plus loin, ce sont les hangars, les entrepôts, les dépôts et les rotondes de locomotives. C'est là que s'affairent les cheminots qu'on ne voit jamais : ceux du matériel, des messageries, de l'entretien et de tant d'autres rouages indissociables de la gare. Entre les voies subsistent parfois encore des témoins d'une archéologie industrielle, les vestiges périmés du temps de la vapeur : d'énormes châteaux d'eau envahis de lierre, d'étranges tours de béton — silos et toboggans à charbon —, de curieux portiques rouillés hérissés de palettes multicolores qui commandaient les allées et venues des convois.

A proximité des voies sont aussi venus s'édifier au XIXe siècle quantité d'entreprises et d'usines, d'ateliers et d'entrepôts dont l'activité commerciale était alors indissociable du trafic ferroviaire, mais qui depuis ont périclité. Sur des kilomètres de longueur aux abords des grandes gares alternent des bâtiments ferroviaires toujours bourdonnants d'activité et des carcasses de constructions abandonnées. Ainsi la face cachée de la gare apparaît-elle comme un immense territoire strié de voies ferrées à l'activité fébrile, bordées d'une multitude d'espaces en friche et de bâtisses en ruines.

Enclavées depuis plus d'un siècle dans le tissu urbain, les emprises ferroviaires, aux arrières des gares, constituent en fait de vastes réserves foncières dont les potentialités remarquables ne semblent avoir été répertoriées que récemment. Ces secteurs sont en effet les derniers dans les grandes villes à offrir d'un seul tenant des surfaces considérables de terrain très faiblement exploité et appartenant le plus souvent à la collectivité publique. Ces territoires apparaissent désormais comme une des dernières opportunités dans l'histoire des villes pour réaliser de grandes opérations d'aménagement et d'équipement, destinées à rééquilibrer leur développement et à empêcher le dépérissement des centres urbains. Les directives d'aménagement et d'urbanisme du Schéma Directeur de la Ville de Paris (approuvé en 1977) sont très révélatrices à ce sujet : sur la dizaine de grands équipements nouveaux qu'il est encore possible d'insérer dans Paris intra muros, six trouvent place systématiquement à l'arrière de chacune des six grandes gares parisiennes. Le plan d'aménagement le plus vaste et le plus ambitieux pour l'avenir de la capitale se déploie sur 340 hectares autour de deux gares voisines, situées de part et d'autre de la Seine : les gares de Lyon et d'Austerlitz. Autour d'elles et sur leurs emprises, il est prévu de réaliser un « véritable nouveau centre urbain » pour Paris. Désormais, c'est derrière les gares que se joue une partie décisive de l'avenir des villes.

Ci-contre : la gare de triage de Kansas City, USA. (Photo E. Kristof, USIS)

1
Intérieur d'un poste de commandement de l'alimentation des lignes de traction électrique. (Photo SNCF)
2
Intérieur du poste d'aiguillage à Johannesburg, Afrique du Sud. (Photo UIC)
3
La rotonde des locomotives du réseau PLM à la gare de Paris-Lyon durant les années trente. (Photo SNCF)
4
L'ancienne cabine d'aiguillage n° 5 en gare de Laon, France, 1924. (Photo SNCF)
5
Portique de signaux et cabine de contrôle à l'entrée d'une gare britannique. (Photo NRM)

1

2

3

4

5

1
Cheminot sortant de la « boîte à feu » d'une locomotive à vapeur à l'entretien. (Photo VDR)
2
Les anciens ateliers de la lampisterie à Villeneuve-Saint-Georges, Région parisienne, durant les années trente. (Photo SNCF)
3
L'ancienne salle du conseil d'administration du réseau de l'Ouest à la gare Saint-Lazare à Paris, vers 1900. (Photo Archives de Paris)

1

2

3

1
L'immense emprise des voies à l'arrière de la gare centrale de Zurich, Suisse. Une opportunité foncière remarquable pour créer au-dessus des voies une « ville dans la ville » qui aurait aussi pour vocation de colmater la coupure brutale provoquée par l'emprise ferroviaire entre les quartiers riverains. (Photo Comet, Zurich)
2
Vue aérienne du secteur sud-est de Paris. A droite, le bois de Boulogne. En haut à gauche, la place de la Bastille. De part et d'autre de la Seine, et parallèlement au fleuve, se déploient les immenses surfaces foncières affectées aux voies ferrées et aux bâtiments annexes de la gare de Lyon (en haut) et de la gare d'Austerlitz (en bas). C'est sur un territoire de plus de 300 hectares autour de ces deux gares que le plan d'urbanisme de Paris prévoit la plus importante opération d'aménagement et d'équipement à réaliser durant les vingt prochaines années dans la capitale. (Photo IGN)

2

STATIONS
An Endangered Species

An information program to encourage the reuse of railroad stations. Sponsored by the National Endowment for the Arts in conjunction with Educational Facilities Laboratories

LA GARE: ESPECE EN DANGER

Dans la plupart des pays industrialisés d'Europe, on assiste depuis la Deuxième Guerre mondiale à l'abandon ou au démantèlement d'une grande partie du réseau ferroviaire, en particulier des lignes dites secondaires ou d'intérêt local. En France on peut estimer à 300 km par an en moyenne la longueur des emprises ferroviaires déclassées depuis 1960. Des rapports soumis récemment à divers gouvernements prévoient une généralisation progressive de la fermeture de bien d'autres lignes encore. Quantité d'agglomérations et de villages sont ainsi privés de leur gare, point d'ancrage dans la nation. Pourtant, certains experts estiment désormais que le maintien des lignes secondaires et régionales s'avère utile si l'on veut tenir compte des effets actuels et futurs de la crise de l'énergie et si l'on veut tenter de revitaliser les régions rurales en voie de désertification.
Aux États-Unis, où les Américains avaient presque totalement perdu la notion de voyage en train du fait des démantèlements successifs du système ferroviaire, le gouvernement tente depuis peu, avec Amtrak, de reconstruire à l'échelle nationale un réseau pour voyageurs.

A propos des gares elles-mêmes, un phénomène similaire de renversement des attitudes semble s'amorcer de façon plus précise. Durant les années 1960, il apparaissait souvent nécessaire aux responsables de faire disparaître — dans l'indifférence générale — les grandes gares anciennes considérées comme des vestiges encombrants, poussiéreux et inefficaces du XIXe siècle, afin de leur substituer des bâtiments neufs, seuls capables selon eux de répondre aux besoins de rationalisation des installations. Des gares d'une importance considérable sur le plan de l'histoire, de l'architecture et auxquelles le public était profondément attaché ont ainsi été détruites. Ce fut le cas, entre autres, à New York pour la gare de Pennsylvanie ou, à Londres, pour celle de Euston. Mais l'architecture du XIXe siècle — récemment encore méprisée ou méconnue — est maintenant appréciée et réhabilitée. A Zurich, la gare centrale devait, il y a quelques années, être démolie et reconvertie au centre d'un vaste complexe immobilier : ce projet est maintenant abandonné et la gare est en cours de restauration dans son état initial, sans que cela mette en péril la rationalité de son fonctionnement ferroviaire.
Le public est devenu plus vigilant. Il se mobilise pour s'opposer à la démolition systématique des lieux dont la trace affective et la force symbolique lui apparaissent indispensables dans la ville : à New York, une vaste campagne groupe la population pour sauvegarder la gare de Grand Central, menacée de disparition, en marchant sur Washington pour faire appel aux autorités de la Cour Suprême. En Grande-Bretagne, une récente organisation culturelle (SAVE) a entrepris une vive action d'information et de polémique relative au sort du patrimoine architectural ferroviaire du pays; elle a contraint la British Rail à adopter, à l'égard de son patrimoine architectural, une attitude plus responsable sur le plan civique et immobilier. Le temps semble être enfin venu d'associer sereinement la mise en valeur des témoignages essentiels de l'architecture ferroviaire ancienne et la mise en service des équipements de chemin de fer les plus modernes, sans plus argumenter a priori d'une quelconque incompatibilité entre l'héritage et l'avenir d'une même institution. Les récents exemples des gares de Paris-Nord, Zurich ou Copenhague pourront, dans ce sens, servir d'exemples.

Ci-contre : cette affiche américaine éditée en 1977 pour attirer l'attention du public sur les dangers qui menacent désormais les gares, fait partie d'une vaste campagne qui se déroule actuellement aux États-Unis pour sauvegarder ce patrimoine et tenter de lui rendre une signification et une vitalité nouvelles. (Illustration de Michel Golberg; photo CCI)

1-2
Le cas de la gare de Euston à Londres est très révélateur de l'esprit dans lequel se faisait durant les années soixante la « rénovation » de l'architecture ferroviaire. En haut, le grand hall construit en 1849 et démoli en 1962. En bas, le même lieu dans sa nouvelle version.
(Photos NRM et BR)
3
Aux États-Unis dès les années soixante, la démolition des grandes gares devient un phénomène courant qui parfois fait la une des journaux régionaux : ici en quatre séquences, la fin de la gare de Portland, Maine, édifiée en 1888 et démolie en 1961 pour faire place nette à un centre commercial. (Photo CCI)
4
L'évolution du maillage du réseau ferroviaire britannique : la situation à ses origines en 1840 (à gauche), à son apogée en 1925 (au milieu) et telle qu'elle est prévue pour 1980 (à droite).
(Photos SAVE)

1

Turn On Your Lights In The Daytime This Holiday Weekend To Remind Others To Drive Safely

The Weather:
Official Bureau Forecast
Fair, Warm, Humid
Today and Saturday
(Complete Report On Page 2)

Portland Press Herald

Our Number Is:
SPruce 5-5811

★ ★ ★ ★ 26 Pages

VOL. 100—NO. 61 | Established June 23, 1862 | PORTLAND, MAINE, FRIDAY MORNING, SEPTEMBER 1, 1961 | Second Class Postage Paid At Portland, Maine | PRICE SEVEN CENTS

Union Station Tower Comes Tumbling Down

An historic Portland landmark passed from sight in a matter of seconds Thursday afternoon. While hundreds of persons watched, workmen razing Union Station toppled the clock tower with a swinging steel ball.

Last to leave the tower was a seagull (inset, left photo). Nicknamed "Willie the Hermit" by workmen, the bird has been perched on top of the tower daily since demolition started six weeks ago.

The station, built in 1888, is being razed to make way for a shopping center. (By Staff Photographers James, Roberts, Morrison and Johnson)

World Shock Follows Red N-Test News

By THE ASSOCIATED PRESS

Moscow's decision to resume nuclear testing provoked worldwide shock waves Thursday, even among some nations that often lean toward the Soviet line in the cold war.

Reaction among the neutralist nations crystalized quickly [...] peatedly asserted that the nuclear armaments race is the greatest danger facing mankind.

The Indian prime minister feels a disarmament agreement is necessary which would reduce armies and control nuclear testing.

Massive Bang Expected Soon

MOSCOW (AP) [...]

President Holds Back On New Nuclear Tests

WASHINGTON (AP) — President Kennedy declared full confidence in U.S. atomic might Thursday and held back on resumption of nuclear weapons testing while the Soviet go-ahead decision soaked in on a shocked world.

Kennedy denounced the Soviet action as "atomic blackmail."

Heavy pressure for immediate resumption of U.S. testing rose in [...] cided at least for the time being against resuming atomic testing.

"That's the way I would interpret it," Hatcher replied, "but it's up to you."

An indication of the administration's current trend of thinking came in a remark by Secretary of State Dean Rusk, who told newsmen: "This business of the Soviet Union ought to soak in hard—ought to soak in hard every [...] tion was keeping an eye on the effect the Soviet move was having on a conference of professedly neutralist states starting Friday in Yugoslavia.

Many of these unaligned nations are opposed to nuclear testing, and reports from Belgrade showed some negative reaction already was setting in against the Soviet Union.

Congress leaders generally avoided any comment of [...] tol Hill there was angry talk aplenty.

Sen. Thomas J. Dodd, D-Conn., who drafted the resume testing now resolution, said the U.S. suspension of testing was "the most fatuous blunder in our history."

Sen. Thomas H. Kuchel, R-Calif., told the Senate, "The sham and hypocrisy of the Soviet Union stands out in bold relief before all the world."

Some voices were raised to [...] 3

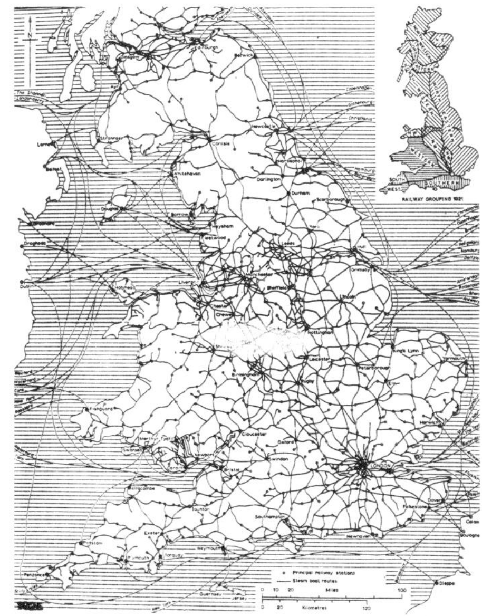

4

Dans la plupart des pays occidentaux, la majorité du patrimoine architectural ferroviaire date du XIXe siècle. L'émerveillement que suscitaient alors ces bâtiments a fait place, dès les années vingt — durant la montée du courant idéologique fonctionnaliste — au mépris ou à l'indifférence. Cette situation a favorisé la généralisation de multiples défigurations et dénaturations de gares commises soit en édifiant des constructions parasitaires destinées à rentabiliser l'espace disponible, soit en cherchant maladroitement à moderniser les apparences du bâtiment.

1
Grand hall de la gare centrale de Zurich, Suisse. Le bâtiment en cours de restauration sera bientôt libéré de ses constructions parasitaires. (Photo ONST)
2
Gare de Minden, Allemagne. Un exemple désormais courant en Europe de tentative malheureuse de mise « au goût du jour » d'une architecture ferroviaire ancienne. (Photo DB)

Dans plusieurs pays anglo-saxons, les démolitions des gares ont récemment ému l'opinion publique qui se mobilise maintenant pour tenter de s'opposer à ces actions destructrices.

3-4
Gare en ruine et tract appelant les New-Yorkais à une action de masse auprès des autorités de la Cour Suprême à Washington pour sauvegarder la gare de Grand Central menacée de disparition. (Photo ACL)

1

2

3

SUNDAY, APRIL 16th

Make tracks to D.C. to save Grand Central!

GRAND CENTRAL is imperiled again. A landmark decision is in the hands of the U.S. Supreme Court. We must demonstrate our concern. Join Jackie Onassis, Brendan Gill and other celebrities for a non-stop celebration to preserve Grand Central Station

4

FRAICHEUR
MOSZBERGER
Oranges
Sunkist
Sunkist
Sunkist
HALLE

LA GARE: LIEU PUBLIC A REINVESTIR

En treize ans, de 1963 à 1976, la Société nationale des chemins de fer britanniques a fermé de nombreuses lignes : 3 539 gares ont ainsi été désaffectées. Aux États-Unis, où le déclin du système ferroviaire atteint une ampleur considérable, on estime que sur les quelque 40 000 gares édifiées depuis le XIXe siècle, il n'en subsiste que 20 000 environ dont une énorme majorité n'est plus utilisée. Dans tous les pays occidentaux ce phénomène de désaffectation est désormais courant, soit parce que de nombreuses dessertes ne sont plus jugées rentables au plan économique, soit parce qu'une rationalisation des réseaux implique un redéploiement des installations fixes et l'édification de nouvelles gares qui libèrent les anciennes de leurs fonctions. Ainsi nos villes et nos campagnes sont-elles constellées d'une multitude de bâtiments ferroviaires à l'abandon : gares rurales et urbaines, entrepôts ou rotondes des machines.

Il y a quelques années encore, les usages courants auraient entraîné la démolition immédiate de tous ces bâtiments désaffectés pour faire place nette à des opérations immobilières. Mais de nouveaux critères viennent désormais perturber cette logique primaire et modifier nos comportements. Depuis quelques années seulement, l'architecture du XIXe siècle et les constructions industrielles — souvent méprisées auparavant — sont devenues l'objet d'une fascination et d'une attention croissantes. Les bouleversements urbanistiques qu'ont connus nos villes depuis deux décennies nous amènent à tenter de sauvegarder des témoignages vivants de ce XIXe siècle, maintenant en pleine réhabilitation. Par ailleurs, la prise de conscience écologique entraîne aussi des critiques sévères quant au gaspillage que suscite notre société de consommation dans tous les domaines, y compris celui des ressources foncières et immobilières. La lassitude et le désenchantement qu'ont provoqués les abus de l'architecture contemporaine — qui a fait table rase de toute référence à notre propre histoire — nous amènent à compenser sa froideur stéréotypée et son fonctionnalisme outrancier par la recherche d'espaces et de lieux porteurs de valeurs émotives et affectives, d'un symbolique où puisse se déployer notre imaginaire.

Ainsi les gares et les bâtiments ferroviaires désaffectés apparaissent-ils désormais, dans tous les pays occidentaux, comme capables, par leur potentialité, d'apporter une réponse à cette nouvelle demande sociale. Leur vocation de centre de gravité de l'espace urbain désigne les gares comme de nouveaux lieux de convergence. Conçus avec ampleur et exécutés avec maîtrise, leurs bâtiments et leurs halles offrent des espaces considérables qui appellent les foules. Les gares peuvent devenir musées ou marchés, centres sportifs, culturels ou commerciaux, théâtres ou jardins botaniques. Les premiers programmes de reconversion réalisés depuis les années soixante aux États-Unis et en Europe sont de remarquables succès qui rencontrent l'enthousiasme du public.

Si la construction des réseaux ferroviaires a constitué au XIXe siècle une des plus imposantes créations de la société industrielle, le principe de la reconversion du patrimoine architectural qui résulte de ses désaffectations partielles sera, pour la société post-industrielle, un des signes de notre aptitude — ou de notre incapacité — à maîtriser notre environnement sur la base de critères plus féconds que ceux qui ont été jusqu'ici généralisés. Le sort de ces gares sera révélateur de la destinée de notre société.

Ci-contre : édifiée en 1854, la gare de Strasbourg a été transformée en marché après sa désaffectation; état en 1972 (Photo Pilloux, VDR)

1
Gare rurale britannique désaffectée et transformée en résidence secondaire. (Photo NRM)
2
La gare rurale américaine de Winton Place (1879) a été démontée et transférée en 1969 au musée de plein air de Shaton Woods Village. (Photo Miami Purchase Association)
3
Grand Union Station à Saint-Louis, Missouri, États-Unis. Bâtie entre 1891 et 1894 par l'architecte Theodore Link, cette gare gigantesque et triomphaliste est maintenant désaffectée. Un projet est à l'étude en vue d'y installer un centre polyvalent d'activités commerciales et culturelles. (Photo Library of Congress, Washington)
4
Les ateliers ferroviaires de Crewe en Grande-Bretagne, édifiés en 1840 et démolis en 1973. Un exemple représentatif d'architecture ferroviaire qui aurait pu, avec un minimum d'imagination, être reconvertie à de nouveaux usages d'intérêt public. (Photo National Monuments Record, Londres)

1

2

3

4

1
L'ancienne rotonde des locomotives édifiée d'après les plans de Robert Stephenson en 1847 à Camden dans la banlieue nord de Londres a été — après sa désaffectation ferroviaire en 1964 — transformée en un centre culturel populaire devenu très fameux : la « Round House ». (Photo NRM)

2
Projet de reconversion de la gare désaffectée de Pittsburg, États-Unis, en un vaste centre de commerces, de bureaux et de loisirs. (Photo : Pittsburg History and Landmark Fondation)

3-4-5
Édifiée par l'architecte Carl Theodor Ottmer, la gare de Brunswick, Allemagne fédérale, fut ouverte au trafic en 1845 et longtemps considérée comme une des plus belles du pays. Endommagée durant la guerre, elle fut mise en vente en 1960. L'architecte H. Westermann a assuré ici une brillante opération de reconversion de cette gare en siège régional d'une société bancaire. (Photos Hannes Westermann)

1

2

3

4

5

1
Coupe transversale de la gare d'Orsay. Cette énorme bâtisse édifiée au cœur de Paris par l'architecte Victor Laloux de 1897 à 1900 groupait à la fois un somptueux hôtel et une gare souterraine, actuellement désaffectés. Sous l'impulsion du chef de l'État, cette architecture ferroviaire — jadis profondément dédaignée et maintenant culturellement réhabilitée — sera transformée en Musée du XIXe siècle afin de devenir à la fois un complément au Musée du Louvre (situé de l'autre côté de la Seine) et au Centre Pompidou tout proche. Conçu dès 1973 par Patrick O'Byrne et Claude Pequet, ce projet de reconversion d'une gare est actuellement le plus ambitieux et le plus prestigieux de France. La surface utile du bâtiment serait de 43 000 m² et nécessiterait 700 personnes pour assurer son fonctionnement. Son ouverture au public semble prévue, au mieux, pour 1983. Avant le début des travaux et depuis quelques années déjà, la gare accueille à titre provisoire le théâtre d'Orsay de la Compagnie Renaud-Barrault et la salle des ventes Drouot rive gauche. (Photo CCI)

2
Projet suédois de réutilisation, par l'organisation de tournées culturelles,du réseau des lignes et gares rurales désaffectées. (Photo CCI)

3
Projet de reconversion de la gare des chemins de fer de Provence à Nice soumis au maire en 1978. Cette gare de 1892 est menacée de démolition depuis une dizaine d'années. Les architectes Philippe Robert et Bernard Reichen proposent, tout en gardant à ce bâtiment sa fonction ferroviaire, d'y imbriquer des équipements qui lui confèrent une vocation complémentaire de centre de quartier. (Photo CCI)

4
Page publicitaire éditée en mars 1978 dans la presse économique française : le paradoxe d'un pays qui semble proposer d'exporter à l'étranger son savoir-faire pour reconvertir et régénérer des lignes ferroviaires désaffectées, alors que l'exploitation de nombreuses lignes de chemin de fer est abandonnée en France même. (Photo CCI)

5
Projet italien de reconversion de matériel ferroviaire désaffecté en hôtel-restaurant. Portaluppi, architecte, 1930. (Photo P. Saporito)

1

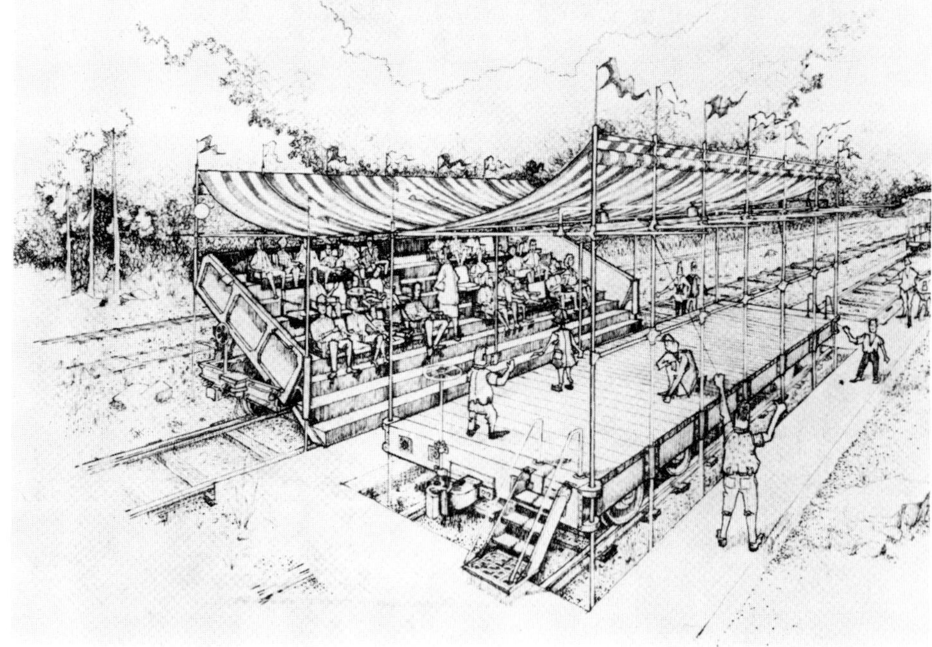
2

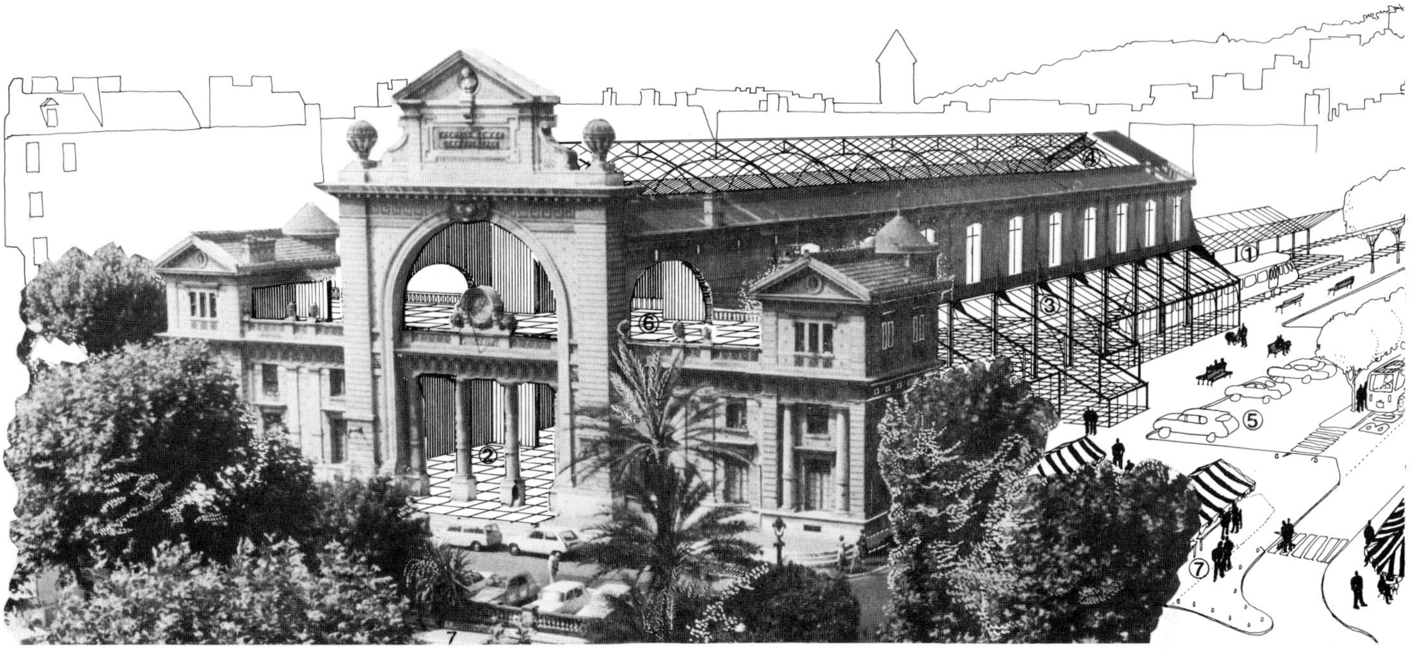
①
②
③
④
⑤
⑥
⑦

3

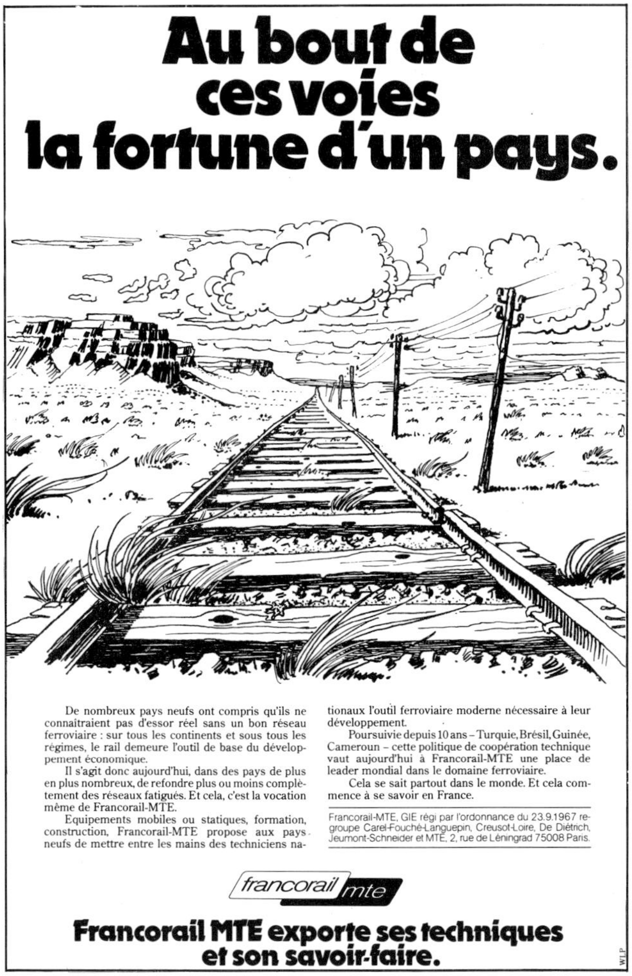
Au bout de
ces voies
la fortune d'un pays.
De nombreux pays neufs ont compris qu'ils ne connaîtraient pas d'essor réel sans un bon réseau ferroviaire : sur tous les continents et sous tous les régimes, le rail demeure l'outil de base du développement économique.
Il s'agit donc aujourd'hui, dans des pays de plus en plus nombreux, de refondre plus ou moins complètement des réseaux fatigués. Et cela, c'est la vocation même de Francorail-MTE.
Equipements mobiles ou statiques, formation, construction, Francorail-MTE propose aux pays neufs de mettre entre les mains des techniciens nationaux l'outil ferroviaire moderne nécessaire à leur développement.
Poursuivie depuis 10 ans – Turquie, Brésil, Guinée, Cameroun – cette politique de coopération technique vaut aujourd'hui à Francorail-MTE une place de leader mondial dans le domaine ferroviaire.
Cela se sait partout dans le monde. Et cela commence à se savoir en France.
Francorail-MTE, GIE régi par l'ordonnance du 23.9.1967 regroupe Carel-Fouché-Languepin, Creusot-Loire, De Diétrich, Jeumont-Schneider et MTE, 2, rue de Léningrad 75008 Paris.
francorail mte
Francorail MTE exporte ses techniques
et son savoir-faire.
WLP

4

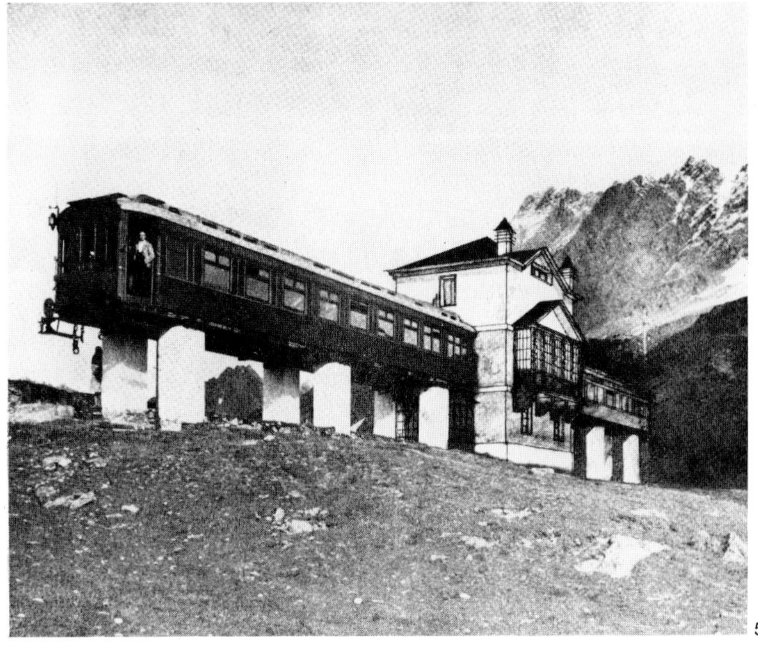

5

LA GARE: IDENTITE A LA DERIVE

Les gares récentes constituent le plus souvent un point faible de l'image de marque des compagnies ferroviaires. Pour tenter de remédier aux erreurs commises depuis deux ou trois décennies, de nouvelles doctrines sont en cours d'élaboration. En effet, depuis la Seconde Guerre mondiale, l'architecture ferroviaire est en net déclin, et l'on peut assister à une sorte de perte d'identité du programme de la gare. Dans de nombreux pays, l'étatisation des réseaux ou leur concentration, en éliminant la concurrence entre les compagnies, a freiné l'émulation architecturale qui tendait à donner aux gares une facture propre à leur réseau ou à leur région.

Le triomphalisme, encore de mise dans l'architecture ferroviaire des années vingt, ne se justifiait plus avec le déclin du rail, dû à la perte de son monopole de transport le plus rapide et le plus efficient. A la même époque se généralisent les principes et les dogmes de l'architecture dite de « style international » qui rejette toute référence historique et culturelle : il faut notamment faire table rase des traditions et bannir l'ornementation. De la combinaison de ces phénomènes résulte une profonde mutation des gares; leur considérable appauvrissement architectural ira jusqu'à la disparition de tout signe extérieur de vocation ferroviaire.

Attitude assimilable, dans le domaine architectural, à celle des pays du Tiers monde, prêts à renier leur histoire et leur spécificité, leur personnalité et leur culture pour adopter les modèles dominants des puissances étrangères. Pour la conception des gares récentes, on recourt dans nombre de pays à la copie des bâtiments correspondant aux archétypes dominants de l'organisation économique actuelle. La nouvelle gare de Berne en Suisse est construite sur le modèle du centre commercial : à l'extérieur, une façade anonyme sur laquelle il a fallu inscrire en trois langues le mot « gare »; à l'intérieur un espace conçu sur trois niveaux — reliés entre eux par des batteries d'escalators — et bordés de boutiques comme dans tous les « shopping centers » importés des États-Unis depuis les années cinquante. C'est presque par hasard, au détour d'un couloir en sous-sol, qu'on finit par découvrir l'existence des trains dans cette gare centrale de la capitale helvétique.
A Argenteuil, dans la banlieue de Paris, la gare prend l'apparence d'une passerelle similaire aux postes de péage des autoroutes.
A Edmonton au Canada, à la gare centrale d'Utrecht ou à Maine-Montparnasse à Paris, ce qui fait office de gare apparaît d'abord, et avec une lourdeur insistante, comme un immeuble de bureaux.
Nombreuses aussi sont les gares, comme à Ottawa, qui copient l'archétype de l'aéroport; ces emprunts insistants à l'architecture propre à un type de transport concurrent sont complétés par de nombreuses autres adaptations inspirées du système aéronautique et reconverties dans le ferroviaire, comme s'il y avait là matière à combler désormais un complexe d'infériorité. Autant de facettes d'une nouvelle image de marque qui, par accumulation, tendent à faire perdre au lieu ferroviaire sa personnalité propre. C'est dans cette neutralité insipide, dans cette aseptisation générale, dans cette dépersonnalisation accélérée de la gare que s'exprime un des aspects les plus sournois de l'agressivité de l'environnement urbain actuel.

Ci-contre : gare de Louvain la Neuve, Belgique, 1976; Yves Lepère, architecte. Ayant perdu depuis une vingtaine d'années toute expression monumentale et symbolique propre dans la ville, les gares modernes sont maintenant souvent étroitement intégrées à des complexes multi-fonctionnels où cohabitent bureaux et commerces, activités culturelles et ludiques. C'est parfois cette association de fonctions qui, comme dans ce cas, permet à la gare de reprendre une place significative au cœur des villes. (Photo Némerlin)

Souvent les gares ont cherché à exalter les particularismes des villes, régions ou pays desservis par leurs réseaux. Leur architecture marquait une spécificité ferroviaire identifiable par le public. Désormais, les gares — suivant en cela l'évolution générale de l'architecture — ont renié toute référence de ce type. Non seulement on n'y lit plus aucun signe permettant de comprendre par rapport à quel contexte la gare s'articule, mais en plus leur neutralité aseptisée donne le sentiment qu'elles sont interchangeables : entre les gares des pays de l'Est, du Tiers monde ou d'Europe règne désormais le même anonymat oppressant, la même impersonnalité glacée. Ainsi s'exprime une grave perte d'identité de la gare.

1
Gare d'Ostrava, Tchécoslovaquie, 1936-1974. (Photo V. Slapeta)
2
Une gare nouvelle en Inde, 1969. (Photo X)
3
Gare d'Eindhoven, Pays-Bas, 1956;
Van der Gaast, architecte. (Photo NS)
4
Gare de Koursk à Moscou. (Photo agence Tass)
5
Gare de Varsovie, 1975. (Photo Inter-Press)

« Les meilleures gares sont celles que l'on oublie, qui sont tellement adoptées par le public qu'elles font partie intégrante de leur vie de tous les jours. » R. Humbertjean, ancien architecte en chef de la SNCF, 1973.

1

2

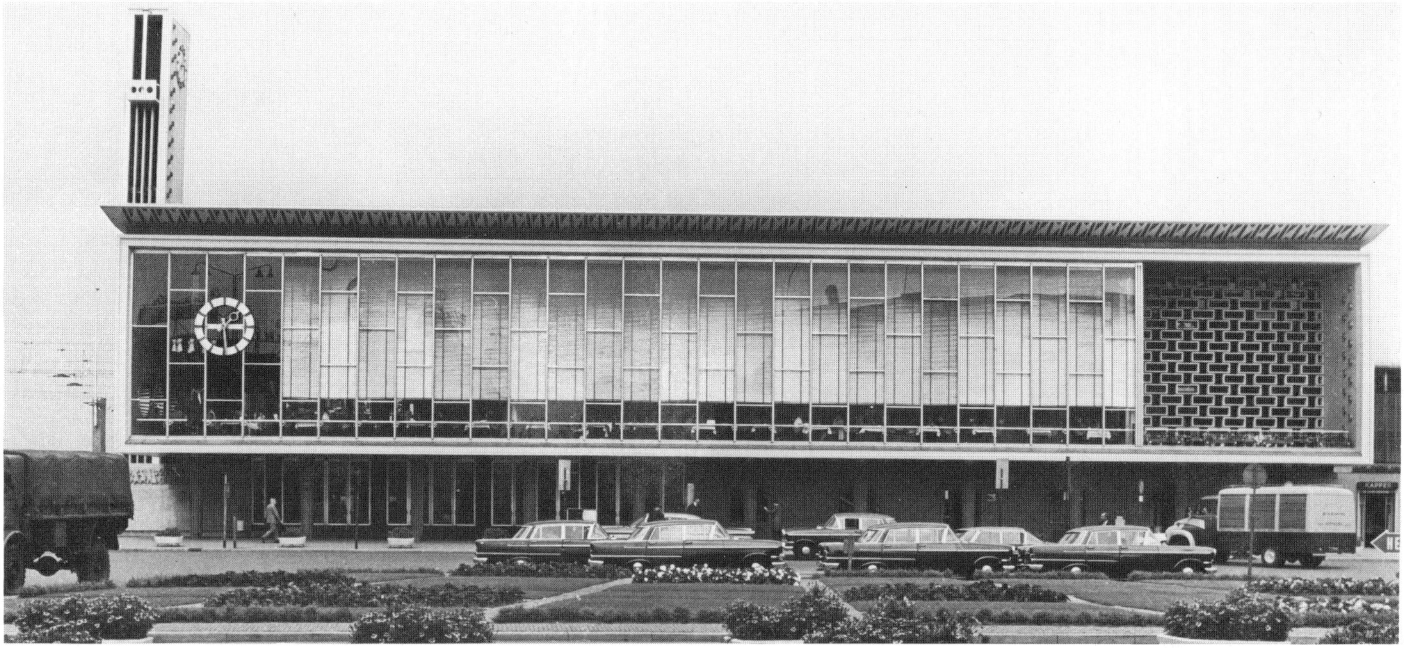

3

4

Warszawa Centralna
wejście na perony 13
do przechowalni bagażu

5

Renonçant à leur propre identité dans la ville, les gares prennent désormais souvent les apparences des archétypes dominants du système économique actuel.

1
Gare d'Argenteuil, Région parisienne, 1970; R. et R. Dubrulle, architectes. La gare semble ici s'apparenter au modèle du poste de péage des autoroutes. (Photo R. Dubrulle)
2
L'ancienne et la nouvelle gare centrale de La Haye, Hollande, 1972. (Photo Archives municipales de La Haye)
3
Gare centrale de Berne, Suisse, 1965-1974. J.-W. Huber et P. Bridel architectes. Une troublante similitude avec l'organisation de l'espace des centres commerciaux. (Photo CFF)
4
Modèle proposé pour un uniforme d'hôtesse de la SNCF inspiré de ceux des compagnies aériennes. (Photo SNCF)
5
Gare d'Edmonton, Canada. L'image de l'immeuble de bureaux se substitue ici à celle d'une architecture ferroviaire. (Photo Canadien National)
6
Gare d'Ottawa, Canada, 1968. J.-B. Parkin et Associés. Une référence évidente au modèle international de l'aéroport. (Photo Canadien National)

1

2

RAPID GALERIE-RESTAURANT BAR GRILL BANKETTSÄLE
TABAK
Taverna
TELEFON TELEGRAF TELEX
REISEBÜRO

3

4

CN

5

Canadian National Tickets
Billets du Canadien National

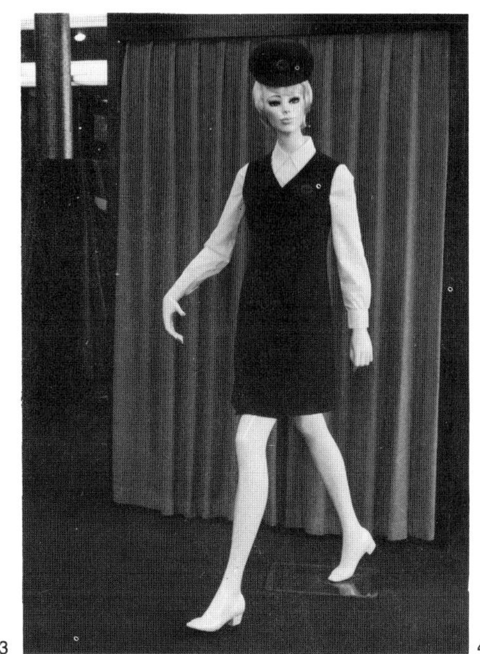

6

Si l'immense majorité des gares récentes offre le spectacle désolant d'un lieu vidé de toute valeur affective, de toute signification symbolique et sociale, il apparaît depuis peu quelques signes d'un renouveau : il s'exprime par une redécouverte d'une spécificité de l'espace architectural des gares et de son monumentalisme propre. Mais il s'agit encore de rares exceptions ou de projets de concours non retenus.

1
Gare de l'aéroport de Roissy, Région parisienne, 1976. P. Andreu architecte (Photo SNCF)
2
Gare de Kungsangen dans la grande banlieue de Stockholm. (Photo Chemins de fer suédois)
3
Concours pour la nouvelle gare de Lucerne, Suisse, 1976. Projet de Werner Kreis et Ulrich Schaad, architectes. (Doc. Kreis et Schaad)

1

2

3

LA GARE: THEME A VARIATIONS PICTURALES

L'évolution de la représentation de la gare dans la peinture de ces cent cinquante dernières années correspond très exactement aux modifications des valeurs symboliques qu'elle transporte à travers les variations de la société. Elle est marquée par le passage d'une relation d'extériorité — la gare perçue comme phénomène objectif — à une relation d'intériorité — la gare ressentie comme production humaine.

A son apparition au début de l'ère industrielle, la gare est le symbole du progrès social. Elle est, pour une bourgeoisie consciente de sa force, le miroir dans lequel elle se glorifie, par une prolifération de représentations triomphalistes.
Simultanément se développent, en rupture avec cette notation de la gare, une révolution du regard, et une écriture nouvelle : Claude Monet n'y voit pas un symbole, mais l'occasion de traduire en peinture l'apparition de la thermo-dynamique, première distanciation par rapport à la tradition dite réaliste.

Cependant, jusqu'à l'entre-deux-guerres, tant que la gare est restée un outil de première nécessité, elle a stimulé des formes de représentation conservatrices, souvent anecdotiques ou articulées sur l'idéologie sociale. Notons en particulier le fait que, à la faveur de la Première Guerre mondiale, elle a servi de support et de cadre à la glorification du patriotisme. Elle garde toujours la valeur magique dont elle était chargée dès son apparition mais, démystifiée par l'usage, elle est circonscrite à son territoire d'objet.
Les futuristes, à la même époque, la privilégient pour sa fonction principale, lieu de transit, monde de sensations dynamiques, donné comme un symbole de la cité moderne.

En contraste avec ces visions disloquées, évocatrices des violences de la guerre, les visions oniriques des espaces de Giorgio de Chirico montrent pour la première fois une intériorisation complète du sujet. La gare devient un lieu de solitude, de silence, d'intemporalité. Derrière ses arcades, derrière ses places, s'étendent « ces horizons lointains et lourds d'aventures », que le peintre décrit dans « Hebdomeros ».
Chez Delvaux, la gare est tellement assimilée qu'elle ressort comme dans une longue anamnèse. Elle prête son atmosphère particulière à la projection des fantasmes du peintre. Mais bien au-delà du sens manifeste de la représentation, la gare devient ici le symbole du désert, l'image d'un monde minéral où la foule est occultée, où l'homme prend contradictoirement sa véritable dimension : solitaire dans la gare vide.

Bien qu'elle soit désormais traitée dans son rapport à la fantasmagorie personnelle du peintre et non plus comme strict événement figuratif, la gare est susceptible d'être intégrée simultanément aux divers niveaux du sensible et de l'intelligible contemporains. Mais, parce que son statut a changé dans nos sociétés occidentales, elle est de moins en moins représentée. Elle n'est plus symbole de progrès, elle a perdu sa monumentalité, elle est devenue un moyen d'accès au banal, au fonctionnel. Elle a un côté enchanté-désenchanté. Les peintres conceptuels la chargent de significations contestataires et d'un symbolisme ironique.
La Nouvelle Figuration utilise toutes ses formulations pour l'interroger avec une volonté de distanciation critique. Sa vision est souvent misérabiliste. Elle en fait ressortir l'usure, le côté patiné par une longue histoire symbolique. Pour l'art contemporain, la gare survit, comme trace et mémoire...

Ci-contre : Fritz Gerlach : « La gare », 1965, huile sur panneau. (Photo Stadt Kunsthalle Recklinghausen)

Tandis que Monet, ignorant tout détail anecdotique, s'attache à peindre les effets de la lumière dans la vapeur des trains à la gare Saint-Lazare, Karl Karger met en scène la bourgeoisie viennoise avec un souci de réalisme, de précision architecturale et de décorum.
Au contraire, la scénographie pourtant classique de « la Gare » de Fritz Gerlach nous éloigne de toute description d'un lieu et d'une époque pour suggérer un climat étrange et silencieux.

Karl Karger, « L'Arrivée d'un train dans la gare du Nord à Vienne », 1875.
Huile sur toile. (Photo Osterreiche Galerie, Vienne)

1
Fernand Léger, « La Gare », 1923. Huile sur toile.
L'architecture des gares inspire à Fernand Léger une organisation de lignes et de plans colorés, dont la beauté plastique se veut indépendante de valeurs descriptives et sentimentales. (Photo Galerie Krugier, Genève)
2
Salvador Dali, « La Gare de Perpignan », 1965. Huile sur toile. (Photo Galerie A.-F. Petit, Paris)

« Gala regardant Dali en état d'antigravitation au-dessus de son œuvre d'art « Pop, Op, Yes-Yes, Pompier », dans laquelle nous pouvons contempler les deux personnages angoissants de l'Angélus de Millet en état atavique d'hibernation, devant un ciel qui peut soudainement se transformer en une gigantesque Croix de Malte au centre même de la Gare de Perpignan vers laquelle tout l'univers converge. »
Salvador Dali, 1965.

3
Giorgio De Chirico, « Le Voyage angoissé », 1913. Huile sur toile. (Photo Le Musée d'Art Moderne, New York; donation Lillie P. Blin)

« Dans les constructions des villes, dans la forme architecturale des maisons, des squares, des jardins et des promenades publiques, des ports et des gares de chemin de fer, se retrouvent les premières fondations d'une esthétique métaphysique. »
Giorgio De Chirico, 1910-1911.

4
Paul Delvaux, « Le train de nuit », 1947. Huile sur bois. (Photo Secrétariat d'État à la Culture française, Bruxelles)

1

2

3

4

1
Fabio Rieti, « Mur de Dijon », 1973. Huile sur toile.
La gare, un lieu démystifié...
(Photo Jacqueline Hyde)
2
Jean Le Gac,
Photo de la gare de Cauterets, France. Ici, la photo, image persistante du mythe, veut restituer précisément la mémoire d'une vieille gare de Western : « On dirait, en moins flambant neuf, la gare de Silver City, dans « Colorado », un livre du romancier américain Louis Bromfield. Tout ce qui compte à Silver City se trouve sur le quai de la gare !

Une froide mécanique de rapports sociaux...

3
Leonardo Cremonini, « Le Départ », 1972-1973. Huile sur toile. (Photo Jacqueline Hyde)
4
Eduardo Arroyo, « La Gare de Francfort/Main », 1970. Huile sur toile. (Photo Giancarlo Baghetti)

1

2

3

4

THISTLEDOWN
HALT
REFRESHMENTS
&
COUGH DROPS
SIGNAL
BOX
WANDERER
EMETT

LA GARE: INCITATION A L'IMAGINAIRE

Image d'un nouvel âge — l'ère industrielle — la gare apparaît aux regards fascinés des hommes comme un monument prestigieux qui recèle des engins bruyants et mystérieux : les machines à vapeur. Progressivement apprivoisée, elle devient à ce point familière qu'on ne la voit même plus. Ce mouvement se reflète dans le mode d'appropriation de la gare en tant qu'objet de représentation, passant d'une extériorité curieuse au décor privilégié de l'expression d'une certaine nostalgie.

Comment la culture populaire a-t-elle assimilée cette nouvelle réalité qui bouleversa son environnement quotidien ? Au départ, elle est liée à l'idée d'invention et de nouveauté. L'inauguration d'une gare est très souvent figurée et conservée après l'événement. Il s'agit de garder le souvenir d'une fête à la fois populaire et officielle. Les objets usuels, assiettes, services à thé, calendriers, témoignent de la perception de la gare comme symbole de la civilisation technicienne qui se doit d'être à l'honneur dans les foyers de la petite et la moyenne bourgeoisie. L'étrangeté de ce monument est vite exorcisée par la dissémination de sa représentation. Par les jeux de société, les dessins d'humour, la culture populaire apprivoise ce lieu difficile en rupture avec des habitudes séculaires.

Mais la gare est aussi la porte ouverte au voyage. Voyage perçu dans les journaux de l'époque comme une péripétie dangereuse qui, en se popularisant, perd son caractère effrayant.

« J'arrive à Amiens et vous envoie le bonjour ». Imprimée sur une carte postale, c'est la formule magique du voyageur moderne.

Dès le début du xxe siècle, les média reflètent l'élargissement du champ des possibilités offertes au plus grand nombre qui, désormais, a accès à ce nouveau moyen de transport. Le cinéma ne tardera pas à s'en emparer. La gare devient souvent un lieu paradoxal à la fois clos et ouvert, un théâtre réaliste où le destin peut agir de la façon la plus inattendue, un des espaces privilégié de la représentation. Hitchcock érige en convention la gare comme lieu de « suspense » pour les films policiers. Dans les westerns, les films de guerre, elle est le lieu dangereux, le point de passage obligé. Elle est utilisée par tous les cinéastes solitaires que sont les auteurs de bandes dessinées. Songez à toutes les gares représentées dans « Tintin » !

La gare et sa mythologie contemporaine se prêtent merveilleusement à l'expression des fantasmes et au rêve : gare-femme, gare-bouteille, gare-bulle, ou centre du monde pour Dali.
Gare-jouet, elle fascine le monde enfantin, c'est la maison du train : le chemin de fer est toujours le jeu merveilleux. Seuls les matériaux ont changé et les gares en tôle du début du siècle sont devenues objets de collection.
La gare et ses représentations ne sont plus, de nos jours, symboles de nouveauté mais, bien au contraire, renvoient avec une certaine nostalgie à l'image idéalisée d'un passé révolu.

Ci-contre : une gare-locomotive, dessin de Rowland Emett tiré de son livre « The early morning milk train », édité en 1935. (Photo Planchet, CCI)

La gare est investie puissamment par toute la symbolique du voyage. Lieu de l'aventure vécue ou mythique, son image se projette vers un avenir fabuleux dans l'univers de la science-fiction où elle exerce encore son pouvoir d'évocation dans l'imagination populaire.

1
Carte postale : exemple d'une série très en vogue dans les années 1920 où une petite formule de politesse accompagne d'office le nom de la gare de départ ou d'arrivée. (Coll. Kneebone)

2
Gravure sur bois d'une des premières gares hollandaises : témoignage de l'engouement exercé par les gares dans l'imagerie populaire. (Photo Archives Municipales d'Amsterdam)

3
« Le chemin de fer suspendu de Paris à la Lune » lithographie de 1839 éditée dans *La Mode*, déc. 1839. (Doc. Bibl. Nationale, photo Planchet, CCI)

4
Dessin d'anticipation de Biedermann en 1916.

1

2

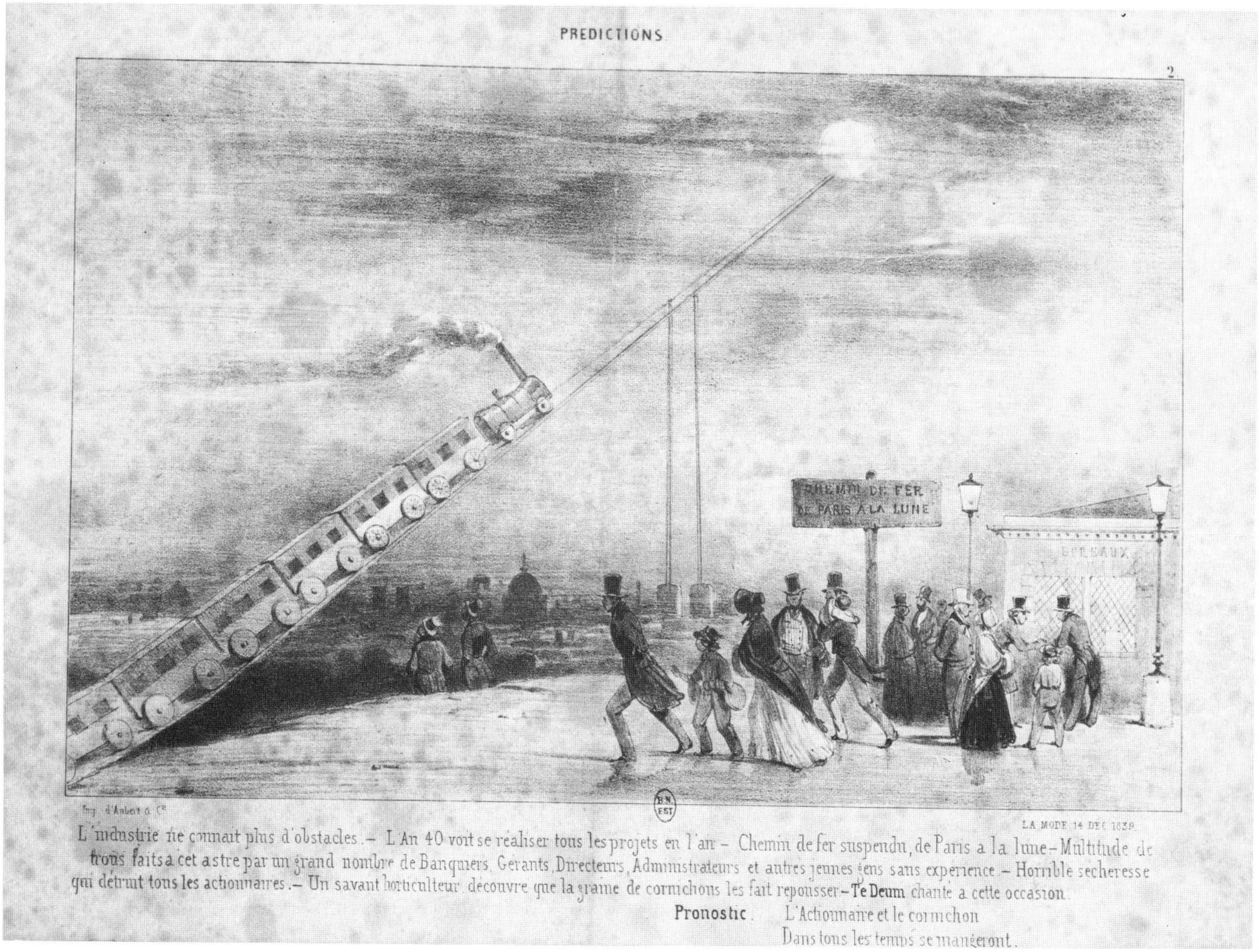

PREDICTIONS

2

CHEMIN DE FER
DE PARIS A LA LUNE

BUREAUX

Imp. d'Aubert & Cie

LA MODE 14 DEC 1839

L'industrie ne connait plus d'obstacles. – L'An 40 voit se réaliser tous les projets en l'air – Chemin de fer suspendu, de Paris a la lune – Multitude de trous faits a cet astre par un grand nombre de Banquiers, Gerants, Directeurs, Administrateurs et autres jeunes gens sans expérience – Horrible secheresse qui détruit tous les actionnaires. – Un savant horticulteur découvre que la graine de cornichons les fait repousser – **Te Deum** chanté a cette occasion.

Pronostic. L'Actionnaire et le cornichon
Dans tous les temps se mangeront.

3

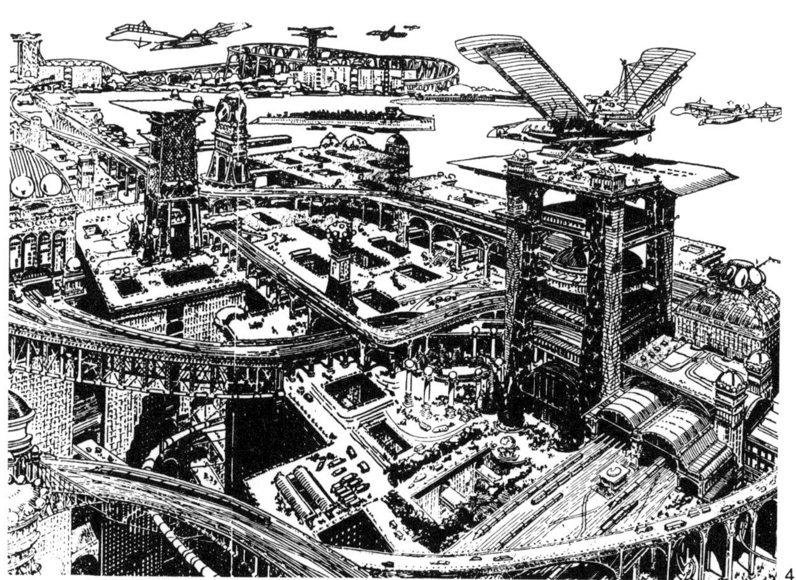

4

Pendant longtemps, la gare est perçue dans l'art populaire comme un corps étranger, mal assimilé qui abrite une invention infernale, le train. Une catastrophe ferroviaire, un événement climatique qui donne à la gare un aspect surprenant, sont aussitôt transcrits par les médias. Les voyageurs transis de froid et de peur du début du chemin de fer sont la proie facile des caricaturistes. A notre époque, Saül Steinberg, avec une grande économie de moyens, nous donne de la gare une image poétique et synthétique.

1
Saül Steinberg, dessin de gare. (Extrait de *Saül Steinberg,* Paris : Gallimard 1956)
2
« Tintin au pays des Soviets » : le retour triomphal du héros à la gare de Bruxelles-Nord. (Hergé, éditions Castermann, 1929)
3-4
Une gare du grand nord suédois envahie par la glace, photographiée lors d'un hiver des plus rudes, le 15 janvier 1929. (Photo Nordiska Museet, Stockholm.)
5
Hommes emmitouflés dans des sacs pour se protéger du froid et des accidents pendant le voyage; caricature anonyme française, fin du XIXe siècle. (Photo Planchet, CCI)
6
« Voyageurs de troisième classe complètement gelés », Honoré Daumier, lithographie vers 1870. (Photo VDR)
7
Catastrophe ferroviaire à la gare de Charenton : une des phobies du voyageur du XIXe siècle. (Photo Planchet, CCI)

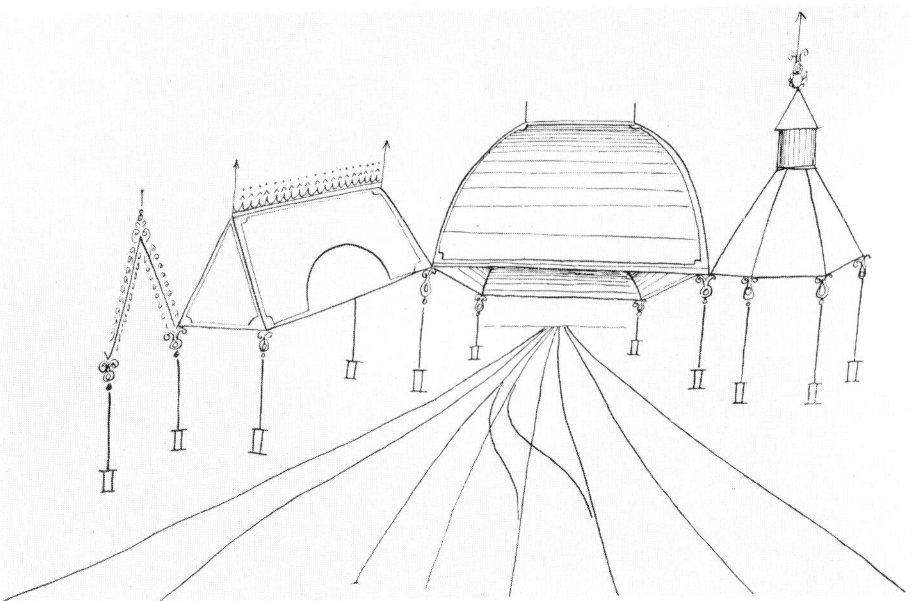
1

2

3

4

5

6

7

Par le jeu, on tente d'apprivoiser une invention qui dépasse l'homme. Le réseau de chemin de fer, constellé de gares, amuse enfants et adultes. La signification du jeu, domination de l'homme sur la machine, se manifeste parfois sous un aspect pittoresque. Ainsi Gaston Menier fait-il de sa table une gare conçue pour accueillir des trains chargés de plats.
A travers les dessins d'humour, la gare apparaît pour les caricaturistes et les illustrateurs comme un poste d'observation privilégié du comportement des hommes.

1
Une inauguration saugrenue dans une gare rurale britannique, dessin de W. Heath Robinson, 1935.
2
« La dernière fournée, la rentrée », caricature d'Alain Saint Ogan, 1936 : la foule des premiers vacanciers bénéficiant des congés payés.
3
« Choo Choo », l'histoire d'une petite locomotive qui part à l'aventure, dessin de Virginia Lee Burton en 1944; Éditions Faber and Faber, Londres.
4
Vue d'ensemble du petit chemin de fer électrique de table de M. Gaston Menier, dans « la Nature », 1887 : la gare-jouet est réinventée dans un rêve d'adulte.
5
Illustration du catalogue de modèles réduits de la marque Hornby, vers 1947 : enfants jouant avec des gares en tôle peinte, devenues désormais objets de collection.

1

2

3

4

2

5

PUBLICATIONS COMPLEMENTAIRES

A l'occasion de la préparation de l'exposition relative aux gares, notre intention a été de diversifier les publications destinées à l'accompagner.

Le présent ouvrage constitue essentiellement un apport iconographique en rapport étroit avec les thèmes retenus pour l'exposition.

Pour compléter cette approche, trois revues ont décidé de publier, pour l'ouverture de l'exposition à Paris en décembre 1978, un numéro spécial apportant une information complémentaire et spécifique à leur vocation.

Ainsi, la revue *Traverses* et la revue *Les Monuments Historiques* publient chacune un numéro dont le sommaire est détaillé aux pages suivantes.

L'hebdomadaire *La Vie du Rail* publie le 17 décembre 1978 un numéro spécial sur les gares dont une partie — l'encart central de quarante pages en couleurs — a été co-produit avec le CCI et figure à ce titre dans le catalogue « Le temps des gares ».

Le CCI se propose également d'éditer en 1979 un supplément à ce catalogue. Cet ouvrage comprendra une série d'articles et d'essais sur l'histoire, l'actualité et le devenir des gares en France et à l'étranger. Certains de ces textes pourront être les communications préparées par leurs auteurs pour les débats et colloques qu'il est prévu d'organiser durant la présentation de l'exposition à Paris, ou dans les autres villes françaises qui l'accueilleront.

En liaison avec l'exposition et sur invitation du CCI, la revue « LES MONUMENTS HISTORIQUES » publie en décembre 1978 son numéro 6 sur le thème suivant : « L'Espace du Voyage ».

Un numéro de la *Revue des Monuments Historiques* consacré aux gares, une exposition au Centre Georges-Pompidou, de récents classements, des discussions publiques comme à Nîmes et à Tours sur l'opportunité de telle ou telle démolition, des monographies et études diverses, autant de signes d'une évolution tout à fait significative : la gare accède à la dignité monumentale, plus exactement retrouve, comme toute l'architecture du XIXe siècle, considération et intérêt. Le phénomène éclate au moment où les gares sont particulièrement remises en question : vieillissement et abandon d'une partie des installations du réseau ferroviaire, adaptation nécessaire à des flux de circulation toujours plus importants et qu'il faut rompre le moins possible appellent d'importantes transformations. Que faire de nombre de gares sous-employées, comment adapter les autres aux nécessités d'aujourd'hui ? De toute façon les réponses devront tenir compte de ce fait nouveau : les gares font partie du patrimoine monumental; elles en constituent même un des éléments les plus populaires : ce sont sans doute les édifices les mieux capables de rendre sensibles au plus grand nombre l'ambition et la réussite architecturale propres au XIXe siècle.

Au sommaire :

Ce numéro (88 pages, 150 illustrations) est en vente à l'Hôtel de Sully, 62 rue Saint-Antoine 75004 Paris et dans le cadre de l'exposition au prix de 23 francs.
On peut se le faire adresser en le commandant à l'Hôtel de Sully : prix 23 francs plus 3 francs de frais de port (chèque au nom de l'Agent Comptable de la C.N.M.H.S., C.C.P. 9062-00 Paris).

Parallèlement à l'exposition et au catalogue, la revue « TRAVERSES » éditée par le Centre de Création Industrielle, publie en décembre 1978 son numéro 13 sur le thème suivant : « Réseaux/Le Modèle Ferroviaire ».

On pourrait décrire toutes les sociétés modernes comme des ensembles de réseaux. Des réseaux de réseaux. Nos sociétés sont devenues des systèmes de connexions qui règlent les rapports entre les individus et entre les groupes. Comment les règlent-elles ? selon quelle logique ? selon quelles procédures ?
Le premier réseau moderne — avant celui des autoroutes ou celui des communications — est sans doute le réseau ferroviaire. Premier né de la société de production, il fait figure de modèle pour les réseaux plus récents.
Le « chemin de fer », ce n'est pas seulement la mythologie des voyages, l'exotisme au bout des rails, l'Orient-Express, le Transsibérien, qui tentent de déjouer la logique politique du système et souvent ne font que la masquer.
C'est aussi le contrôle du mouvement, la régulation de tout « trafic » et de tout déplacement, la surveillance centralisée aux points d'arrêt du transit et en ses points de « triage ». C'est le « tri » et c'est l'heure exacte. Bref, le modèle tient à la fois de l'organisation militaire et de l'enfermement.
Mais comme tous les réseaux, celui-ci a ses déchirures. A côté d'analyses systématiques, on trouvera dans ce numéro de « Traverses » des hypothèses et repères concernant les défaillances des systèmes, concernant ce qui leur échappe et les contredit.

Au sommaire :

---

152 pages, 130 illustrations, 35 F
La revue *Traverses* est en vente dans toutes les bonnes librairies.
Abonnements (4 numéros : 115 F pour la France, 130 F pour l'étranger) : *Traverses*, Service des abonnements, Éditions de Minuit, 7 rue Bernard-Palissy, 75006 Paris. On peut également s'abonner chez les libraires.

Table alphabétique des abréviations utilisées

AAM	Archives d'Architecture Moderne, Bruxelles
ACL	Archives Centrales des Laboratoires, Bruxelles
AMA	Architectuur Museum, Amsterdam
BR	British Railways, Londres
CCI	Centre de Création Industrielle, Centre Georges Pompidou, Paris
CFF	Chemins de Fer Fédéraux Suisses, Berne
CN	Canadien National, Montréal
DB	Deutsche Bundesbahn, Francfort
DSB	Dänische Staatsbahnen, Copenhague
FS	Azienda Autonoma delle Ferrovie dello Stato, Rome
IGN	Institut Géographique National, Paris
IGM	Institut Géographique Militaire, Bruxelles
IRPA	Institut Royal du Patrimoine Artistique, Bruxelles
NRM	National Railway Museum, York
NS	Nederlandse Spoorwegen, Utrecht
ONST	Office National Suisse du Tourisme, Zurich
RENFE	Red National de los Ferrocarriles Españoles, Madrid
RIBA	Royal Institute of British Architects, Londres
SJ	Chemins de fer de l'État suédois, Stockholm
SMU	Spoorweg Museum, Utrecht
SNCB	Société Nationale des Chemins de Fer Belges, Bruxelles
SNCF	Société Nationale des Chemins de Fer Français, Paris
UIC	Union Internationale des Chemins de Fer, Paris
USIS	United States Information Service, Paris
VDR	La Vie du Rail, Paris

Certaines sources iconographiques portant la mention « Photo CCI » correspondent à des reproductions réalisées dans diverses archives. On trouvera ci-après la provenance des documents concernés :

p. 34	n° 5	Extrait de *L'Illustration*
p. 36	n° 1	Bibliothèque des Arts Décoratifs, Paris
p. 36	n° 3	Bibliothèque des Arts Décoratifs, Paris
p. 36	n° 4	Extrait de Jacques Grébier, *L'Architecture aux États-Unis*
p. 44	n° 7	Bildarchiv d. Ost. Nationalbibliothek
p. 46	n° 1	Extrait de Alexandre Marcel, *Orientalisme et architecture contemporaine*
p. 50	n° 2	Musée de Compiègne
p. 52	n° 5	Kunstbibliothek Staatl. Museum Preussicher Kulturbesitz
p. 54	n° 5	Archives SNCF
p. 58		Bibliothèque Nationale, Estampes
p. 60	n° 2	Extrait de Le Corbusier, *Urbanisme*
p. 62	n° 4	Archives SNCF
p. 70	n° 2	Extrait de H. Howard, *La cité-jardin de demain*
p. 70	n° 4	Extrait de *La science des plans de villes*
p. 72	n° 1	Harvard University Library, Cambridge
p. 72	n° 5	Extrait de *Harper's weekly,* 1874
p. 72	n° 6	Extrait de O. Jensen, *Railroads America*
p. 94	n° 6	National Archives
p. 94	n° 7	Chemins de fer suédois
p. 100	n° 3	Extrait de O. Jensen, *Railroads America*
p. 126	n° 1	Extrait de *L'Illustration*
p. 126	n° 3	Document Robert et Reichen

Enfin, malgré notre souci de remonter à la source de tous les documents publiés ici, quelques erreurs d'attribution auront pu se glisser dans leur libellé. Dans cette éventualité, nous prions le lecteur et les auteurs de ces documents de bien vouloir nous en excuser.

Le Centre de Création Industrielle

Le Centre de Création Industrielle (CCI) a été créé en 1969 par l'Union Centrale des Arts Décoratifs. Il est intégré le 1er janvier 1972 à l'établissement public du Centre National d'Art et de Culture Georges Pompidou dont il devient, le 1er juillet 1973, l'un des départements. Le Centre Pompidou est placé sous la tutelle du ministère de la Culture et de la Communication.
Le Centre de Création Industrielle (CCI) rend compte des relations entre les individus, les espaces, les objets et les signes. A ce titre, ses activités s'exercent particulièrement dans les domaines de l'architecture, de l'urbanisme, du design industriel, des communications visuelles et des fonctions collectives (équipements et espaces publics).
Son objectif est de susciter la réflexion sur la signification des formes familières de la vie quotidienne. Il constitue un point de rencontre entre la recherche et l'action et contribue de ce fait à inciter la création et l'innovation.
Il s'efforce de décloisonner des activités devenues peu à peu trop étrangères les unes aux autres dans le domaine de la conception des formes et de l'usage des fonctions collectives ou individuelles qui marquent notre vie quotidienne.

Expositions

Le CCI réalise, accueille et diffuse différents types d'expositions et de manifestations qui se proposent d'analyser les relations des individus et collectivités à l'environnement de nos sociétés industrielles. Elles sont présentées à la Galerie du CCI (rez-de-chaussée/place, rue Rambuteau) ou au 5e étage. Un grand nombre d'entre elles itinèrent en France et à l'étranger.
La galerie rétrospective (au rez-de-chaussée, rue du Renard) rend compte des productions de la civilisation industrielle de la fin du XVIIIe siècle à nos jours, grâce à un mur d'images présentant 400 documents.

Documentation

Le CCI offre au public une bibliothèque où il peut trouver des fichiers d'adresses, des ouvrages et des revues spécialisées, des dossiers sur les créateurs, des dossiers thématiques sur les produits industriels. Des recherches documentaires peuvent être effectuées sur demande.
Une médiathèque permet de consulter sur place, de louer ou d'acheter des séries de diapositives sur l'histoire et l'actualité de l'architecture, de l'urbanisme, du design et du graphisme.

Design de produits

Il a pour but de donner aux usagers des informations sur les produits de consommation finis, durables et disponibles sur le marché français.

Collectivités publiques

Ce service analyse le rôle des espaces publics et informe le public et les décideurs sur les équipements collectifs qui relèvent de l'État et des Collectivités locales (conception et aménagement des espaces collectifs).

Édition

Le CCI/Édition publie des ouvrages traitant des problèmes de notre environnement quotidien en relation avec la production industrielle.
A ce titre, il édite des publications conçues en collaboration avec les autres services (catalogues des expositions, affiches, posters, cartes postales, index de produits, annuaire des concepteurs) et ses propres ouvrages :
- une revue thématique « Traverses », diffusée par les Éditions de Minuit (4 numéros par an),
- une collection de livrets de diapositives avec commentaires bilingues.

Publications du CCI

▪ Carnets de diapositives

URBANISME ET ARCHITECTURE
N° 1 « L'architecture industrielle ». Fr/An. (50 F)
N° 2 « Architectures marginales aux États-Unis ». Fr/An. (50 F)
N° 3 « Le familistère de Guise ». Fr/An. (50 F)
N° 4 « Ouvrages d'ingénieurs aux XIXᵉ et XXᵉ siècles ». Tome 1 : de 1775 au Crystal Palace. Fr/An. (50 F)
N° 5 « Le Centre Georges Pompidou. Anatomie d'un bâtiment ». Fr/An. (50 F)

COULEUR
N° 1 « Échelles et schémas », André Lemonnier. Fr/An. Fr/Al. (55 F)

GRAPHISME
N° 1 « L'affiche française ». Tome 1 : des origines à 1914. Fr/An. (50 F)
N° 2 « L'affiche française ». Tome 2 : l'entre-deux-guerres. Fr/An. (50 F)

DESIGN
N° 1 « 1925 : entre la tradition et le design ». Fr/An. (50 F) (en préparation)

▪ Catalogues des expositions

Matériau-technologie-forme (35 F)
Bernard Lassus, Paysages quotidiens (30 F)
Gaetano Pesce, Le futur est peut-être passé (35 F)
Bernard Lagneau, Lieu mécanisé 12 (10 F)
Wilhelm Wagenfeld, Du Bauhaus à l'industrie (30 F)
Lartigue, 8 X 80 (22 F) (épuisé)
Paul Virilio, Bunker archéologie (36 F)
Les Shakers (25 F) (épuisé)
Ettore Sottsass Jr. (10 F)
Laszlo Moholy-Nagy (50 F)
Haus-Rucker, Archéologie de la ville (14 F)
La ville et l'enfant (50 F)
Conception assistée par ordinateur (10 F)
L'espace urbain en U.R.S.S. : 1917-1978 (12 F)
Sous le soleil, autrement (12 F)
Paris-Berlin, rapports et contrastes entre la France et l'Allemagne, 1900-1933. (Ouvrage réalisé en collaboration avec les autres départements du Centre Georges Pompidou) (65 F)
Métamorphoses finlandaises (32 F)
Le temps des gares (28 F)

▪ Catalogues des expositions itinérantes

Qu'est-ce qu'une campagne publicitaire ? (24 F) (épuisé)
Énergies libres (10 F) (épuisé)
Culture et Révolution : l'affiche cubaine contemporaine (10 F)
Qui décide de la ville ? (10 F)
L'imagerie politique (10 F)
Cafés, bistrots et compagnie (12 F)
Bande dessinée et vie quotidienne (12 F)
La marque (12 F)
Environnement et petite enfance (12 F)
Architectures d'ingénieurs, XIXᵉ-XXᵉ siècles (12 F)

▪ L'utile

Préparation des aliments : choix et usage des appareils et des ustensiles (8 F)

▪ Études et documents

Index international du mobilier urbain et matériel d'aires de jeux 1976 (50 F)
Annuaire des concepteurs (30 F)
Index du mobilier et du matériel muséologiques :
fascicule 1 : vitrines (20 F)
fascicule 2 : panneaux (20 F)
Bulletin mensuel d'information du Centre de Création Industrielle CCI (10 F) (abonnement 10 numéros : 80 F)
Icograda. Répertoire de revues (10 F)

▪ Collection « Culture au quotidien »

1. Bâtiments anciens... Usages nouveaux. Images du possible (15 F)

▪ Revue « Traverses »

4 numéros par an
N° 1 Lieux et objets de la mort (30 F) (épuisé)
N° 2 Le design (30 F)
N° 3 La mode (30 F)
N° 4 Fonctionnalismes en dérive (30 F)
N° 5/6 Jardins contre nature (45 F)
N° 7 Maquiller (30 F)
N° 8 Les bêtes (30 F)
N° 9 Ville panique (30 F)
N° 10 Le simulacre (35 F)
N° 11 Le reste, tome I (35 F)
N° 12 Le reste, tome 2 (35 F)
N° 13 Réseaux/le modèle ferroviaire (35 F)
N° 14 Panoplies du corps (35 F) (à paraître)

La revue Traverses est en vente dans toutes les bonnes librairies et notamment à la librairie du Centre Georges Pompidou.
Les autres publications sont en vente à la librairie du Centre Georges Pompidou, rez-de-chaussée/place et dans les autres librairies sur demande.
Par correspondance au Service Édition-Diffusion du Centre, 75191 Paris Cedex 04 - Tél. : 233.61.78.
Règlement par chèque à l'ordre de M. l'Agent comptable du Centre Georges Pompidou.
Renseignements :
Centre Georges Pompidou, 75191 Paris Cedex 04
Centre de Création Industrielle, Service Édition
Tél. : 277.12.33.

Composition Bussière Arts Graphiques, Paris
Imprimerie De Busagny, 95 Osny
Dépôt légal du 4e trimestre 1978
N° d'éditeur : 125
ISBN : 2-85850-082-7